指導者と選手が一緒に学べる!バスケットボール練習メニュー200
SHIDOSHA TO SENSHU GA ISSHO NI MANABERU! BASKETBALL RENSHU MENU 200
Copyright ⓒ 2023 by K.K. Ikeda Shoten
All rights reserved.
Supervised by Akira RIKUKAWA
Photographs by Norio TSUBURAOKA
Interior design by Daisuke SUZUKI, Terumi EZAKI(Souldesign)
First orginal Japanese edition published by IKEDA Publishing Co.,Ltd., Japan.
Korean translation rights arranged with PHP Institute Inc.
through BC Agency

이 책의 한국어판 저작권은 BC 에이전시를 통해 저작권자와 독점 계약을 맺은 삼호북스에 있습니다.
저작권법에 의해 한국 내에서 보호를 받는 저작물이므로 무단전재와 복제를 금합니다.

코치와 선수가 함께 활용하는

농구 연습메뉴 200

리쿠카와 아키라 지음
남가영 옮김

SAMHO BOOKS

들어가며

"농구가 좋니?"
농구하는 아이들과 만날 때면 인사 대신 으레 이런 질문을 던지곤 한다. 아이들이 웃으며 고개를 끄덕이는 모습을 보면 "그래, 맞아! 농구는 재밌지."하고 나도 덩달아 기분이 좋아진다.
1891년에 미국에서 시작된 농구는 전 세계 남녀노소 누구에게나 사랑받고 있다. 또한 농구는 화려한 기술, 격렬한 몸싸움, 호흡이 척척 맞는 팀플레이까지 스포츠가 지닌 다양한 매력이 모두 녹아있다. 필자는 육상을 하다가 고등학교에서 농구를 시작했는데, 그때 팀원 중 하나가 컨디션이 좋지 않으면 다른 선수가 그 자리를 채우는 모습을 보면서 농구가 정말 멋진 운동이라 생각했다. 물론 그 생각은 지금도 변함이 없다.

이 책을 보는 독자 여러분 중에는 농구 영화나 만화, 국가대표의 활약상을 보면서 농구의 매력을 알거나 재발견한 경우도 많을 것이다. 부디 그 열정을 자신의 플레이와 선수 지도에 활용하면 좋겠다.

이 책은 혼자서 할 수 있는 기초 연습으로 시작하여 여러 인원과 함께 전략적으로 움직이는 연습을 진행하는 방식으로 구성했다. 농구를 갓 시작한 선수나 초등학교, 중학교 지도자는 먼저 1장과 2장 메뉴를 완벽하게 소화한 후에 3장과 4장을 진행하자. 5장에 소개된 기초 체

력 단련 메뉴는 나이와 실력에 상관없이 모두 실시하는 것이 좋다.

필자가 일본 국가대표로 활약했던 30년 전과 현재 농구의 교육환경은 크게 다르다. 예전에는 지도자가 꼼꼼하게 지시를 내리는 톱-다운형 지도가 주류였지만, 지금은 선수의 자율성과 동기부여를 중요하게 여기는 지도가 주목받는다.

농구가 지향하는 바는 '승리'와 더불어 승기를 손에 넣기 위해 선수 개개인이 시행착오를 겪으며 노력하는 '과정'에도 있기 때문이다. 그리고 그 과정을 소중히 여기는 선수들은 원하는 결과가 따르지 않아도, 농구를 그만두었다고 해도 늘 농구를 즐기고 좋아한다.

이 책은 연습과 기술 습득에 초점을 맞췄지만, 칼럼과 지도자 메모 등을 통해 코칭에 도움이 되는 메시지도 담았다. 이를 통해 농구가 좋다며 눈을 반짝이는 사람이 한 명이라도 더 많아지기를 바란다.

마지막으로 이 책을 쓰는 데 큰 도움을 주신 모든 분께 감사의 인사를 드린다.

2023년 11월
도카이대학 농구부
SEAGULLS 감독 리쿠카와 아키라

이 책의 사용법

책의 구성

이 책은 주로 기술력 향상으로 이어지는 '코트에서 하는 연습 메뉴'와 운동의 토대를 만드는 '기초 체력 단련 메뉴'로 구성되어 있다.

1~4 장

코트에서 하는 기본 스킬 메뉴와 시합할 때 도움이 되는 연습 메뉴를 소개한다.
'목표'에는 메뉴의 목적이 무엇이며 어떨 때 도움이 되는지를 설명했다. 사진에서 움직임을 나타낼 때는 실선 화살표로, 주의해야 할 점은 점선으로 표시했다.

5 장

몸풀기에 좋은 동작과 근력 단련에 효과적인 운동을 소개한다. 목적에 따라 세세하게 분류해 놓았으므로 자신의 플레이와 몸에 맞게 훈련해보자.

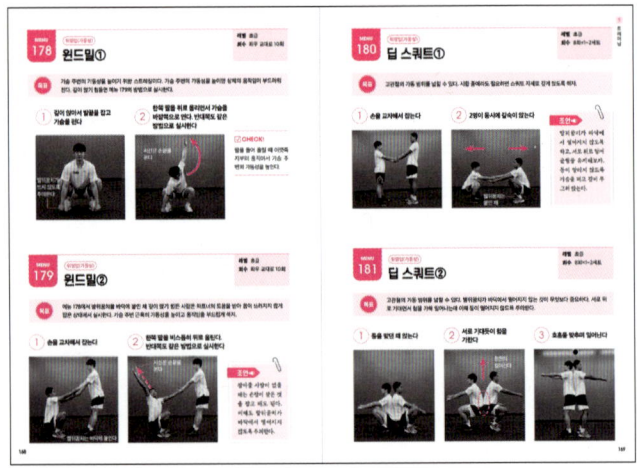

연습 메뉴 페이지 보는 법

사진과 코트 그림을 활용하여 연습 순서나 포인트를 설명했다.

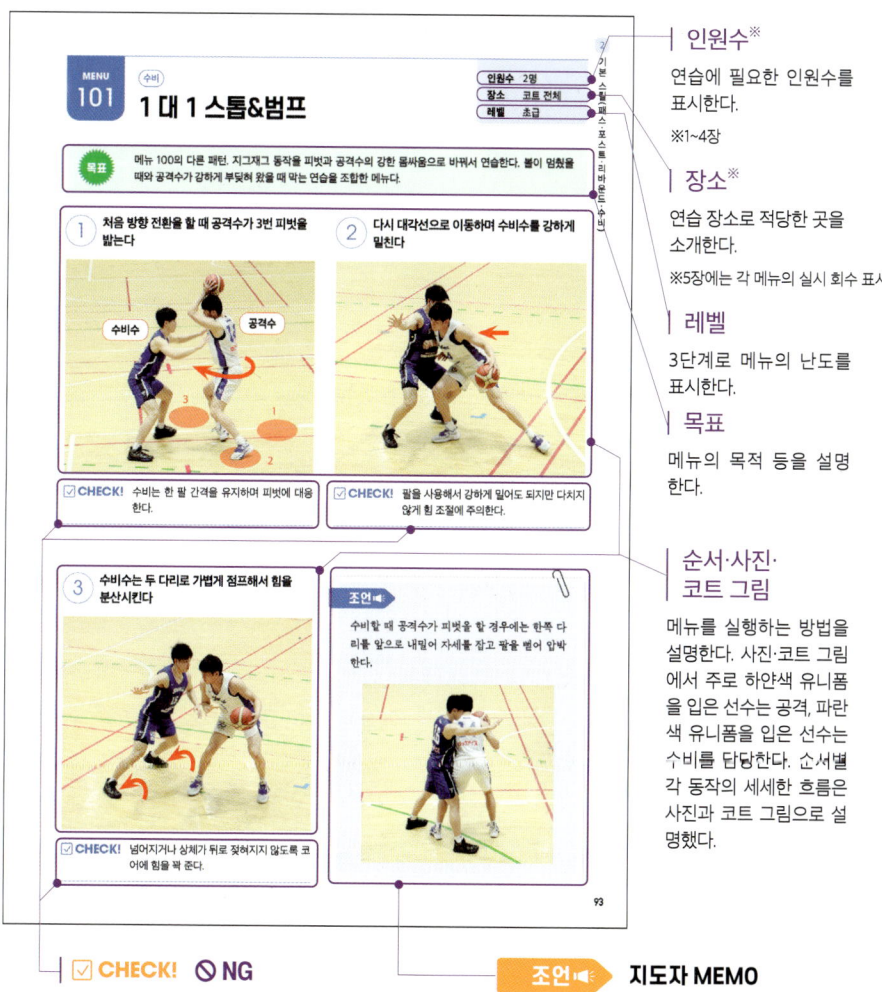

인원수※
연습에 필요한 인원수를 표시한다.

※1~4장

장소※
연습 장소로 적당한 곳을 소개한다.

※5장에는 각 메뉴의 실시 회수 표시.

레벨
3단계로 메뉴의 난도를 표시한다.

목표
메뉴의 목적 등을 설명한다.

순서·사진·코트 그림
메뉴를 실행하는 방법을 설명한다. 사진·코트 그림에서 주로 하얀색 유니폼을 입은 선수는 공격, 파란색 유니폼을 입은 선수는 수비를 담당한다. 순서별 각 동작의 세세한 흐름은 사진과 코트 그림으로 설명했다.

☑ CHECK! ⊘ NG
'CHECK'에서는 메뉴의 주의사항을, 'NG'에서는 하면 안 되는 것을 설명한다.

조언◀ 지도자 MEMO
추가적인 정보는 조언에서 소개하고, 선수나 지도자가 유념해야 할 메시지는 감독의 마음가짐에서 소개한다.

CONTENTS

- 들어가며 — 002
- 이 책의 사용법 — 004
- 선수가 연습할 때의 마음가짐 — 012
- 지도자가 연습 메뉴를 구성할 때의 마음가짐 — 014
- 연습 메뉴 짜는 법 — 016
- 농구 기초 지식 — 018
- 기본 용어집 — 022

제 1 장 기본 스킬
(드리블, 스텝, 슛)

MENU 001
공격 기본 자세 — 024

MENU 002
볼잡기(캐치)① — 025

MENU 003
볼잡기(캐치)② — 025

MENU 004
볼잡기(캐치)③ — 026

MENU 005
볼 핸들링 연습① — 026

MENU 006
볼 핸들링 연습② — 027

MENU 007
볼 핸들링 연습③ — 027

MENU 008
볼 핸들링 연습④ — 028

MENU 009
드리블 기본 자세 — 029

MENU 010
프런트 체인지 — 030

MENU 011
레그 스루 — 031

MENU 012
인사이드 아웃 — 032

MENU 013
비하인드 백 — 033

MENU 014
롤 턴 — 034

MENU 015
컨트롤 드리블 — 035

MENU 016
체인지 오브 페이스 — 036

MENU 017
페네트레이트 드리블 — 037

MENU 018
드리블 연습(제자리에서) — 038

MENU 019
드리블 연습(움직이면서) — 038

MENU 020
원 드리블 페이스업 — 039

MENU 021
피벗 기본 자세 — 040

MENU 022
피벗 연습 — 041

MENU 023
방향 전환 연습의 기본 동작 — 042

MENU 024
방향 전환 연습① — 043

MENU 025
방향 전환 연습② — 044

MENU 026
방향 전환 연습③ — 045

MENU 027
방향 전환 연습④ — 045

MENU 028
세트 슛 — 046

MENU 029
오버 핸드 레이업 슛 — 048

MENU 030
원 스텝 오버 핸드 레이업 슛 — 048

MENU 031
스킵&오버 핸드 레이업 슛 ··· 049

MENU 032
사이드 킥&오버 핸드 레이업 슛 ··· 049

MENU 033
유로 스텝&오버 핸드 레이업 슛 ··· 050

MENU 034
더블 클러치 슛 ··· 051

MENU 035
백 슛 ··· 051

MENU 036
플로터 슛 ··· 052

MENU 037
페이드 어웨이 슛 ··· 052

MENU 038
훅 슛 ··· 053

MENU 039
마이칸 드릴 ··· 053

MENU 040
파워 레이업 슛 ··· 054

MENU 041
파워 레이업 슛 연습 ··· 054

MENU 042
레인 커트① ··· 055

MENU 043
레인 커트② ··· 056

MENU 044
레인 커트③ ··· 056

MENU 045
레인 커트④ ··· 057

MENU 046
레인 커트⑤ ··· 057

MENU 047
고&캐치 ··· 058

MENU 048
공격 연습(하프코트) ··· 059

MENU 049
공격 연습(올 코트) ··· 059

MENU 050
피드 연습 ··· 060

MENU 051
프레셔 슈팅 ··· 061

MENU 052
55초간 슈팅 ··· 061

MENU 053
5분간 슈팅 ··· 062

MENU 054
4볼 슈팅 ··· 062

MENU 055
고난도 슈팅 ··· 063

MENU 056
녹 아웃 슈팅 ··· 063

MENU 057
자유투 10 ··· 064

제 2 장
기본 스킬
(패스, 포스트, 리바운드, 수비)

MENU 058
체스트 패스 ··· 066

MENU 059
바운드 패스 ··· 068

MENU 060
원 핸드 포켓 패스 ··· 068

MENU 061
원 드리블 스핀 패스 ··· 069

MENU 062
원 드리블 리버스 스핀 패스 ··· 069

MENU 063
오버 헤드 패스 ··· 070

MENU 064
원 핸드 푸시 패스 ··· 070

MENU 065
베이스볼 패스 ··· 071

MENU 066
훅 패스 ··· 071

MENU 067
드리블 패스 연습 ··· 072

MENU 068
페이크 패스 연습 ··· 072

MENU 069
2 대 1 패스 연습① ··· 073

MENU 070
2대 1 패스 연습② ... 073

MENU 071
2대 2 프레셔 패스 연습 ... 074

MENU 072
3대 3 더블 팀 패스 연습 ... 074

MENU 073
5대 4 패스 연습 ... 075

MENU 074
포스트 플레이 기본 자세(실드) ... 075

MENU 075
포스트 무브(인사이드 풋①) ... 076

MENU 076
포스트 무브(인사이드 풋②) ... 076

MENU 077
포스트 무브(인사이드 풋③) ... 077

MENU 078
포스트 무브(인사이드 풋④) ... 077

MENU 079
포스트 무브(아웃사이드 풋①) ... 078

MENU 080
포스트 무브(아웃사이드 풋②) ... 078

MENU 081
포스트 무브(아웃사이드 풋③) ... 079

MENU 082
포스트 무브(아웃사이드 풋④) ... 079

MENU 083
스핀 무브 ... 080

MENU 084
러닝 실드한 후 1대 1 ... 081

MENU 085
박스 아웃 ... 082

MENU 086
양손 리바운드 ... 083

MENU 087
한 손 리바운드 ... 083

MENU 088
서클 리바운드 ... 084

MENU 089
1대 1 박스 아웃 ... 084

MENU 090
자유투 크로스 리바운드 ... 085

MENU 091
자유투 더블 박스 아웃 ... 085

MENU 092
수비 기본 자세 ... 086

MENU 093
스탠스&핸드 워크 ... 087

MENU 094
클로즈 아웃 ... 088

MENU 095
슛 체크 ... 089

MENU 096
범프 ... 089

MENU 097
슬라이드 스텝 ... 090

MENU 098
크로스 스텝 ... 091

MENU 099
백 페달 ... 091

MENU 100
1대 1 컨택트 지그재그 ... 092

MENU 101
1대 1 스톱&범프 ... 093

MENU 102
런 슬라이드 ... 094

MENU 103
수비 풋워크 ... 094

MENU 104
갭 ... 095

MENU 105
디나이 ... 095

MENU 106
1대 1 포지션&비전 ... 096

MENU 107
1대 1 범프&인사이드 디나이 ... 097

MENU 108
넘어지는 연습(테이크 차지) ... 098

MENU 109
넘어지는 연습(루즈 볼) ... 099

MENU 110
1대 1 종합 연습 ... 100

제3장 팀 스킬 (공격)

MENU 111
커팅 기본 동작 102

MENU 112
2 대 2 패스&커팅 103

MENU 113
드리블 핸드오프 슈팅 104

MENU 114
2 대 2 핀치 포스트 105

MENU 115
펀치&스프레이 106

MENU 116
드라이브 리액트① 107

MENU 117
드라이브 리액트② 108

MENU 118
드라이브 리액트③ 109

MENU 119
2 대 1 슈팅 110

MENU 120
3 대 2 온 더 사이드 111

MENU 121
3 대 3 속공 111

MENU 122
스크린 기본 동작 112

MENU 123
크로스 스크린 113

MENU 124
플레어 스크린 114

MENU 125
다운 스크린 115

MENU 126
백 스크린 116

MENU 127
픽&롤 117

MENU 128
픽&팝 118

MENU 129
핀다운 슈팅① 119

MENU 130
핀다운 슈팅② 119

MENU 131
핀다운 슈팅③ 120

MENU 132
다운 스크린을 활용한 모션 슈팅 120

MENU 133
패턴별 모션 슈팅 121

MENU 134
플레어 스크린을 활용한 모션 슈팅 122

MENU 135
미들 픽&롤 슈팅 123

MENU 136
사이드 픽&롤 슈팅 124

MENU 137
5 대 5 모션 공격 125

MENU 138
5 대 5 픽 게임 125

MENU 139
3명 레이업 126

MENU 140
릴레이 레이업 127

MENU 141
스퍼즈식 연습 128

MENU 142
2 대 1 속공 129

MENU 143
2 대 1과 3 대 2 속공 130

MENU 144
2 대 1 컨티뉴 게임 131

MENU 145
4레인 브레이크 132

MENU 146
5 대 5 인지 연습 133

MENU 147
피닉스 선즈식 게임 134

제4장
팀 스킬
(수비)

MENU 148
수비 포지셔닝의 개념 — 136

MENU 149
2 대 2 클로즈 아웃 — 137

MENU 150
2 대 2 보디 업 — 138

MENU 151
2 대 2 리바운드 — 139

MENU 152
2 대 2 점프 투 더 갭① — 140

MENU 153
2 대 2 점프 투 더 갭② — 141

MENU 154
3 대 3 리바운드① — 142

MENU 155
3 대 3 리바운드② — 142

MENU 156
3 대 3 펀치&패스 — 143

MENU 157
3 대 3 패스&커팅 — 144

MENU 158
2 대 2 스크린 브레이크 — 145

MENU 159
2 대 2 필 스위치 — 146

MENU 160
2 대 2 헬프&리커버리 — 147

MENU 161
픽&롤 방어법(컨테인) — 148

MENU 162
픽&롤 방어법(스텝 아웃) — 149

MENU 163
4 대 3 클로즈 아웃 — 150

MENU 164
4 대 4 셸 디펜스 — 151

MENU 165
2 대 2 트렌지션 — 152

MENU 166
3 대 2+1 핸디캡 연습 — 153

MENU 167
4 대 3+1 핸디캡 연습 — 154

MENU 168
5 대 5 스크럼블 — 155

MENU 169
1 대 1 지그재그+쇼 — 156

MENU 170
2 대 2 사이트 라인 트랩 — 157

MENU 171
5 대 5 하프 라인 트랩① — 158

MENU 172
5 대 5 하프 라인 트랩② — 159

MENU 173
5 대 5 2스텝&2메이크 — 160

MENU 174
스크리미지 — 160

제5장
트레이닝

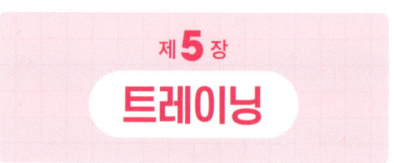

- 부상 방지를 위한 몸풀기 — 162
- 경기력 향상을 위한 근육 단련 — 163
- 메뉴 짜는 법 — 165

MENU 175
월드 그레이티스트 스트레칭 — 166

MENU 176
개구리 자세 — 167

MENU 177
힙 로테이션 — 167

MENU 178
윈드밀① — 168

MENU 179
윈드밀② — 168

MENU 180
딥 스쿼트① — 169

MENU 181 딥 스쿼트②	169
MENU 182 다운독	170
MENU 183 사이드 런지	170
MENU 184 크로스오버 스텝	171
MENU 185 프런트 플랭크	171
MENU 186 사이드 플랭크	172
MENU 187 한 발 플랭크	172
MENU 188 컨텍트	173
MENU 189 데드 버그	173
MENU 190 핸드 워크	174
MENU 191 베어 워크	174
MENU 192 스파이더 워크	175
MENU 193 한 발 서기	176
MENU 194 레터럴 홉	176
MENU 195 힙 록	177
MENU 196 푸시업	178
MENU 197 인버티드 로우(비스듬하게 매달리기)	178
MENU 198 풀업(턱걸이)	179
MENU 199 맨손 스쿼트	179
MENU 200 바운드 스쿼트	180
MENU 201 스플릿 바운드 스쿼트	180
MENU 202 프런트&백턴	181
MENU 203 노르딕 햄스트링	182
MENU 204 오버 헤드 스쿼트	182
MENU 205 스쿼트	183
MENU 206 데드 리프트	183
MENU 207 힙 리프트	184
MENU 208 카프레이즈	184
MENU 209 한 발 스쿼트	185
MENU 210 스텝 다운	185
MENU 211 런지 워크	186
MENU 212 한 발 루마니안 데드 리프트	186
MENU 213 에어플레인	187
MENU 214 Y 밸런스	187
MENU 215 박스 점프온	188
MENU 216 스쿼트 점프	188
MENU 217 스플릿 스쿼트 점프	189
MENU 218 연속 허들 점프	189
MENU 219 뎁스 점프	190
MENU 220 파워 클린	191
MENU 221 스내치	191

선수가 연습할 때의 마음가짐

실패했다면 '다음 플레이'로 넘어간다

실패를 무서워하거나 실패하느니 아예 도전하지 않는 것이 낫다고 생각하는 사람이 있다. 하지만 실패는 성장할 수 있는 최고의 기회가 될 수 있다. 실패했다고 침울해하지 말고, '다음 플레이'를 생각하고 행동으로 옮기자. 시간은 우리를 기다려주지 않는다. 축 처져 있거나 잘못을 반성하는 사이에 경기가 끝나 아무것도 못 했다고 후회만 남기고 싶지는 않을 것이다. 플레이 중에는 앞으로 일어날 일만 생각하고 반성은 나중에 천천히 하도록 하자.

자기가 잘 못하는 것이 마음에 걸리는 사람은 일단 그 일에서 눈을 떼고 자신의 장점을 찾아보자. 슛을 좋아한다, 일대일에 강하다, 목소리가 크다, 열정이 넘친다, 이 모두가 **훌륭한 장점**이 될 수 있다. 그리고 장점을 찾았다면 그것만큼은 누구에게도 지지 않겠다는 마음으로 성장시킬 방법을 궁리하며 플레이해보자. 그러면 분명 농구가 점점 더 즐거워질 것이고, 지금보다 더욱 자신감을 가지고 플레이할 수 있을 것이다.

잘 풀리지 않을 때야말로 내면을 들여다봐야 할 때다

필자가 회사원이었을 때 감명 깊이 들었던 에피소드가 있다. 도산하기 직전이었던 미국 항공사에서 있었던 일이다. 한 직원의 '내가 접객에 좀 더 힘을 쏟았다면 이렇게 되지 않았을 텐데'라는 독백과 자기반성을 시작으로 다른 직원들도 자신의 업무 태도를 반성했고, 구성원 모두가 해결 방안을 모색해 경영 위기에서 벗어났다는 이야기다.

필자가 도카이대학 감독으로 취임했을 즈음, 팀은 간토 대학 2부 리그에 소속된 상태였다. 취임 2년째가 되던 해에는 리그전에서 강팀에 더블 스코어로 이기면서 목표인 1부 리그 승격이 바로 눈앞에 있었지만, 다음 날 같은 팀에 3점 차로 지고 말았다. 그런데 그 후로 팀 분위기가 이상해지기 시작했다. 선수들은 패배의 원인은 ○○ 탓이라며 범인 찾기에 혈안이 되었고, 결국 팀워크가 무너지면서 7연패를 했다. 팀이 3부 리그로 강등될 위기에 처했을 때 나는 선수들을 모아 놓고 앞서 소개한 항공사 이야기를 했다. "나도 전술과 지시를 다시 한번 살펴보마. 너희도 동료의 흠을 찾기 전에 이기기 위해 할 수 있는 최선을 다했는지 돌아보고 다시 한번 잘 해보자." 라고 덧붙였다. 그러자 놀랍게도 우리 팀은 다음 경기부터 단번에 7연승을 이루어냈고, 결국 인터 칼리지 티켓을 거머쥐었다. 이처럼 일이 잘 풀리지 않을 때일수록 자기 내면을 들여다보는 것이 무척 중요하다.

지도자가 연습 메뉴를 구성할 때의 마음가짐

선수와 함께 목표를 정한다

지도자가 되면서 나는 주변에서 봤을 때 얼토당토않아 보이는 목표를 세웠고, 이를 실현하기 위해 매진했다. 미국에서 코칭 공부를 끝내고 도카이대학의 감독으로 취임했을 때 세운 목표는 '1부 리그로 승격과 인터 칼리지 우승'이었다. 화이트보드에 쓴 목표를 보고 선수들은 폭소했지만, 팀은 4년 후 1부 리그로 올라갔고 5년 후에는 인터 칼리지 우승을 달성했다. 오토바이 회사 혼다가 바이크 레이스에서 세계 1위가 되겠다는 목표를 세우고 참패를 반복했지만, 결국 목표를 달성했다는 이야기는 매우 유명하다. 목표를 높게 세웠을 때 얻는 배움과 깨달음은 아주 크다.

그러나 감독으로 취임한 지 20년이 넘은 지금은 생각이 바뀌었다. 나 자신이 목표를 세우는 것보다 선수가 목표를 세우고 달성할 수 있도록 지원하는 사람이 되기로 했다. 학생팀은 해마다 선수가 바뀌며 해에 따라 선수의 기질과 실력, 특징이 달라진다. 지도자는 주인공인 선수가 무엇을 목표로 하는지, 어떤 선수가 되고 싶어 하고, 어떤 팀을 만들고 싶어 하는지를 파악해야 한다. 그리고 자신이 가진 전술과 연습 메뉴 가운데 그들에게 적합한 것을 엄선해서 실시해야 한다. 이렇듯 한 발 더 다가가는 형태의 지도가 현대 농구에서 요구되는 지도자의 모습이라고 생각한다.

결과보다 선수와의 관계 형성을 중시한다

미국 매사추세츠 공과대학에서 교수로 재직한 다니엘 김 교수는 '성공 순환 모델'이라는 것을 제창했다. 이것은 조직이 성공하기 위한 과정을 명확하게 밝힌 것으로 '선순환'과 '악순환'을 모두 소개한다.

선순환은 결과를 좇지 않고 조직 구성원 사이의 관계성을 높이는 것부터 시작한다. 서로 존중하는 관계 속에서 다양한 것을 깨닫고 자발적으로 행동하면서 더욱 좋은 결과로 이어지는 구조다. 반면, 악순환은 결과를 최우선으로 추구하는 데서 출발한다. 그러므로 결과가 안 좋으면 구성원 사이의 관계가 나빠지고 주체적으로 생각하거나 행동하지 못해 결국 모든 일이 잘 풀리지 않는다.

농구팀 코치와 선수의 관계도 마찬가지다. 코치와 신뢰 관계로 엮인 선수는 자신감 있게 플레이하고, 실패를 두려워하지 않는다. 코치가 결과만 중시하면 선수는 코치의 말만 따르다가 점차 농구에 흥미를 잃게 될 것이다.

승패에 집착하는 것이 나쁜 것은 아니지만 선수 한 명 한 명과 마주하고 커뮤니케이션 능력을 키우는 것도 마찬가지로 중요하다는 것을 잊지말자.

연습 메뉴 짜는 법

선수가 바라는 모습을 파악하고 목표를 세운다

연습 메뉴를 짜기 전에 꼭 선행하길 바라는 것은 선수와의 대화다. 학생팀은 해마다 구성원이 바뀌고 선수의 특징과 시합 경험, 실력도 크게 달라진다. 지도자가 아무리 훌륭한 전술과 연습 메뉴를 가지고 있어도 그것을 선수가 습득할 능력을 갖추고 있지 않을 수도 있다. 또한 선수가 바라지도 않는데 지도자가 마음만 앞서 독주한다면 선수들은 농구에 흥미를 잃을 것이다. 지도자는 자기 이상을 관철하는 것이 아니라 선수의 눈높이에 맞추는 자세가 요구된다.

최종 목표가 '힘든 훈련을 견뎌내고 전국대회에 진출하고 싶다'인지, '즐기면서 지역 예선을 돌파하고 싶다'인지, 하고 싶은 농구가 '어쨌든 득점을 많이 하고 싶다'인지, '수비를 철저하게 하고 싶다'인지 개개인의 목표를 파악한 후에 목표에 맞춰서 연습 메뉴를 짜야 한다.

목표나 시기를 고려해서 연습 메뉴를 짠다

선수와 목표를 공유하고 이를 달성하기 위해 연습 계획을 세우자. 도카이대학에서는 1년, 6개월, 1개월마다 목표를 정하고 대회 시기까지 고려해서 연습 메뉴를 작성한다.

팀 내에 초보자가 많으면 기초 연습이나 농구의 즐거움을 느낄 수 있는 메뉴를 많이 실시한다. 수비를 중시한다면 수비 연습과 패스트 브레이크(속공) 연습을 실시한다. 대회가 다가오면 실전에 바로 적용할 수 있는 메뉴를 주로 실시한다. 체력을 키우고 싶다면 체력 단련만 하는 날을 설정하는 것도 좋다. 단, 기초 연습은 중요하므로 짧더라도 1년 내내 실시하기를 바란다.

이때 중요한 것은 플레이의 이해도나 선수의 컨디션, 날씨 등 다양한 상황을 고려해 유연하게 연습 메뉴를 수정하는 것이다. 하루하루의 연습을 퍼즐처럼 맞춰가며 마지막에 큰 그림을 완성하자.

시기에 따른 추천 연습 메뉴 (★ 표시는 앞 메뉴를 소화한 다음에 실시하면 효과적이다)

| 기초 실력을 다지는 시기

이 시기에는 공격과 수비 모두 주로 1 대 1로 훈련하여 '개인의 역량 강화'를 도모한다. 볼 핸들링, 드리블, 슛 등 개인기는 비는 시간이나 개인 연습 시간에 실시한다.

공격 편

- MENU 139 3명 레이업
- MENU 68 페이크 패스 연습
- ★ MENU 69, 70 2 대 1 패스 연습
- MENU 48, 49 공격 연습
- MENU 50 피드 연습
- MENU 42-46 레인 커트
- ★ MENU 47 고&캐치
- MENU 75-82 포스트 무브
- ★ MENU 84 러닝 실드한 후 1 대 1
- MENU 142 2 대 1 속공
- ★ MENU 143 2 대 1과 3 대 2 속공
- MENU 129, 130, 131 핀다운 슈팅
- MENU 119 2 대 1 슈팅
- MENU 120 3 대 2 온 더 사이드
- MENU 121 3 대 3 속공

수비 편

- MENU 103 수비 풋워크
- MENU 100 1 대 1 컨택트 지그재그
- MENU 101 1 대 1 스톱&범프
- MENU 110 1 대 1 종합 연습
- MENU 88 서클 리바운드
- ★ MENU 89 1 대 1 박스 아웃
- MENU 106 1 대 1 포지션&비전
- MENU 107 1 대 1 범프&인사이드 디나이
- MENU 152, 153 2 대 2 점프 투 더 갭
- MENU 156 3 대 3 펀치&패스
- MENU 157 3 대 3 패스&커팅
- MENU 166 3 대 2+1 핸디캡 연습

| 대회가 다가오는 시기

대회 기간이 가까워지면 훈련의 질과 강도는 낮추지 말고 시간을 컨트롤한다. 집중력이 떨어진 상태에서 긴 시간 연습하다 보면 부상 위험이 높아진다. 단시간에 집중해서 팀 실력을 높일 수 있는 질 높은 훈련을 해야 한다.

오펜스 편

- MENU 115 펀치&스프레이
- MENU 113 드리블 핸드오프 슈팅
- MENU 114 2 대 2 핀치 포스트
- MENU 127 픽&롤
- MENU 138 5 대 5 픽 게임
- MENU 145 4레인 브레이크
- MENU 146 5 대 5 인지 연습
- MENU 174 스크리미지

디펜스 편

- MENU 150 2 대 2 보디 업
- MENU 160 2 대 2 헬프&리커버리
- MENU 163 4 대 3 클로즈 아웃
- MENU 164 4 대 4 셸 디펜스
- MENU 160 5 대 5 스크림블
- MENU 173 5 대 5 2스텝&2메이크

농구 기초 지식

코트

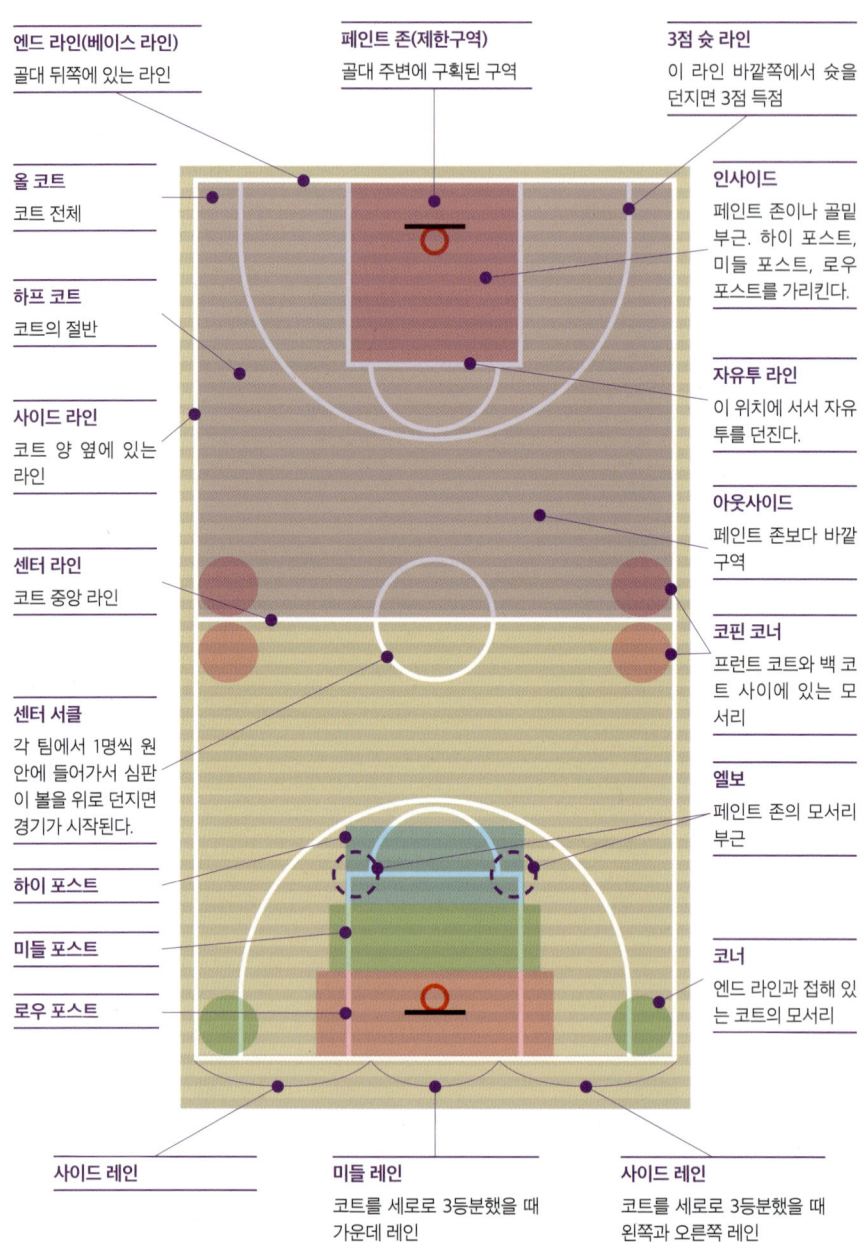

엔드 라인(베이스 라인)
골대 뒤쪽에 있는 라인

페인트 존(제한구역)
골대 주변에 구획된 구역

3점 슛 라인
이 라인 바깥쪽에서 슛을 던지면 3점 득점

올 코트
코트 전체

인사이드
페인트 존이나 골밑 부근. 하이 포스트, 미들 포스트, 로우 포스트를 가리킨다.

하프 코트
코트의 절반

사이드 라인
코트 양 옆에 있는 라인

자유투 라인
이 위치에 서서 자유투를 던진다.

센터 라인
코트 중앙 라인

아웃사이드
페인트 존보다 바깥 구역

코핀 코너
프런트 코트와 백 코트 사이에 있는 모서리

센터 서클
각 팀에서 1명씩 원 안에 들어가서 심판이 볼을 위로 던지면 경기가 시작된다.

엘보
페인트 존의 모서리 부근

하이 포스트

미들 포스트

로우 포스트

코너
엔드 라인과 접해 있는 코트의 모서리

사이드 레인

미들 레인
코트를 세로로 3등분했을 때 가운데 레인

사이드 레인
코트를 세로로 3등분했을 때 왼쪽과 오른쪽 레인

포지션

농구는 5명이 한 팀을 구성하며, 각 포지션은 다음과 같다.

포인트 가드(1번)
볼을 운반하며 팀의 사령탑 역할을 하고, 패스나 드리블로 공격을 지휘한다. 수비할 때 포인트 가드의 능력이 뛰어나면 상대가 공격해 들어오기 힘들다. 체력과 스피드 겸비가 관건이다.

슈팅 가드(2번)
3점 슛을 노리거나 페인트 존을 돌파하며 공격한다. 포인트 가드를 보조하며 임기응변에 대응할 수 있는 전천후 능력이 필요하다. 장거리 슛의 성공률이 높아야 한다.

스몰 포워드(3번)
유연한 플레이가 요구되는 포지션. 주로 아웃사이드에서 플레이하며 인사이드 공격에도 적극적으로 가담한다. 장거리 슛의 성공률이 높다면 공격의 폭이 넓어진다. 선수에 따라 플레이 스타일이 다양하다.

파워 포워드(4번)
인사이드에서 몸싸움을 하며 슛을 던지고, 리바운드나 스크린에도 대응하며 확실한 골밑 득점력을 가져야 한다. 수비할 때 상대 팀의 키 큰 선수를 마크해야 하므로 파워는 빼놓을 수 없다. 최근에는 3점 슛이나 패스 능력도 요구된다.

센터(5번)
주로 인사이드에서 플레이하는 포지션으로 큰 키와 파워가 요구된다. 인사이드에서의 리바운드, 득점, 드리블이나 패스 하나로 경기 흐름이 바뀔 수 있기 때문에 중요한 포지션이다.

4-아웃 1-인의 경우

아웃사이드에 4명, 인사이드에 1명을 배치하는 공격 포지션.

3-아웃 2-인의 경우

아웃사이드에 3명, 인사이드에 2명을 배치하는 공격 포지션.

경기 시간

경기는 4번에 나눠서 진행하고 4쿼터가 끝난 시점에 동점이면 연장전을 한다. 연장전은 고등학생 이상의 경기에서는 5분, 중학교와 초등학교(미니 농구) 경기에서는 3분간 실시한다.

(Q=쿼터 ▢=인터벌(휴식) ▢=하프 타임)

주요 국제 대회, B 리그, 대학생, 고등학생

| 1Q 10분 | 2분 | 2Q 10분 | 15분※ | 3Q 10분 | 2분 | 4Q 10분 |

※B 리그에서는 미리 신청하면 20분으로 연장 가능, 대학생과 고등학생의 하프 타임은 10분이다.

중학생

| 1Q 8분 | 2분 | 2Q 8분 | 10분 | 3Q 8분 | 2분 | 4Q 8분 |

초등학생(미니 농구)

| 1Q 6분 | 2분 | 2Q 6분 | 10분 | 3Q 6분 | 2분 | 4Q 6분 |

득점

| 2점
3점 라인 안쪽에서 넣은 슛

| 3점
3점 라인 바깥쪽에서 넣은 슛

| 자유투(프리 스로)(1점)
슛을 던지려고 하는 선수에게 수비가 파울을 범했을 때 주어지는 슛
수비가 없는 상태에서 자유투 라인에 서서 슛을 던진다.

- 자유투 개수

2점 슛일 때 파울: 2개
3점 슛일 때 파울: 3개

반칙 행위

| 반칙(바이얼레이션)

파울 외에 금지된 행동. 반칙을 하면 공격권이 상대 팀에게 넘어가고 가장 가까운 사이드 라인 또는 엔드 라인 바깥에서 스로인한다.

- **24초룰(샷 클락)**
  볼을 잡은 순간부터 24초 이내에 슛을 던져 볼이 림에 닿아야 한다. '샷 클락'이라고도 한다.

- **14초룰**
  24초룰의 연장선. 볼이 림에 닿은 다음 공격팀이 볼을 컨트롤(리바운드)한 경우에는 시간을 14초 동안 카운트한다.

- **8초룰**
  공격팀은 백 코트(자기팀 골대)에서 프런트 코트(상대 팀 코트)로 8초 이내에 볼을 운반해야 한다.

- **5초룰**
  다음의 플레이는 5초 이내에 해야 한다.
  ① 스로인
  ② 자유투할 때 슛
  ③ 볼을 잡은 후 패스 또는 드리블

- **더블 드리블**
  드리블하다가 볼을 잡은 다음 다시 드리블하는 행동.

- **트레블링**
  볼을 잡은 채로 드리블하지 않고 3걸음 이상 걷는 것.

| 파울

파울이란 선수끼리 접촉(부딪치거나, 밀치거나, 당기는 등의 행동)하거나 스포츠맨십에 어긋나는 행동(욕설이나 도발 등)을 했을 때 부여한다. 감독, 코치, 벤치에 있는 선수도 대상이 된다. 공격측의 파울은 차징이라고도 부른다.

- **5파울**
  선수 한 명이 한 경기에서 파울을 5번 하면 퇴장된다.

- **팀 파울**
  한 쿼터에서 팀 파울이 모두 4개 이상이 되면 상대 팀에 자유투 2개가 주어진다.

기본 용어집

	용어	의미
ㄷ	더블 팀	상대 볼맨에게 수비 2명이 마크로 붙는 것.
	드라이브	드리블로 돌파해서 슛으로 이어지는 것. 주로 상대 코트 안에서 하는 플레이를 가리킨다.
ㄹ	라이브	경기 중 타이머가 움직이고 있는 시간을 가리킨다. 또는 시합과 비슷한 형태로 행해지는 연습을 뜻한다.
	록	상대를 제압해서 자유롭게 움직이지 못하게 하는 것.
	루즈 볼	라이브 상태에서 어느 팀도 소유하고 있지 않은 볼. 흐르는 볼이라고도 한다.
ㅁ	마크맨	마크로 붙은 특정 선수.
	미스매치	공격수와 수비수가 1 대 1 대결할 때 신장 차이가 커서 한쪽이 유리해진 상태.
	미트	동료에게 패스를 받기 위해 진행 방향에 맞춰서 스스로 이동하며 볼을 받는 움직임.
ㅂ	볼맨	볼을 잡은 선수.
	블록	수비수가 상대 선수의 슛을 막는 것.
	빅맨	키가 큰 선수.
ㅅ	슛 체크	상대 선수가 슛을 쏠 때 파울이 되지 않는 아슬아슬한 위치까지 상대에게 다가가서 압박하는 것.
	스로인	경기를 재시작할 때, 코트 안으로 볼을 넣는 행동. 주로 슛이 성공한 다음이나 파울 후에 한다.

	용어	의미
ㅅ	스크린	공격할 때 동료를 마크하는 상대 수비수의 진행 방향을 몸으로 막아서 해당 동료가 공격하기 쉽도록 만드는 움직임.
	스탠스	기본 자세. 보폭은 어깨너비보다 조금 넓게, 발끝은 정면을 향하고 등은 곧게 편다. 허리는 손이 무릎에 닿을 정도로 낮춘다.
	스텝	발걸음. 또는 발재간. 기본부터 응용까지 다양한 종류의 스텝이 있다.
	스핀(턴, 롤)	수비를 등진 상태에서 몸을 회전하여 빠져나가는 것. 회전축이 되는 다리에 따라 종류나 이름이 달라진다.
ㅇ	오프 볼	볼을 가지고 있지 않을 때. 또는 그 움직임.
	온 볼	볼을 가지고 있을 때. 또는 그 움직임.
ㅋ	커버	동료의 수비가 뚫렸을 때 도와주러 가는 것.
	컨택트	파울이 되지 않는 바른 자세나 범위에서 신체적인 접촉을 하는 것. '보디 컨택트'라고도 한다.
	코스	움직이는 궤적
ㅍ	페이크(페인트)	움직이는 척하며 상대 선수를 속이는 것. 주로 1 대 1 대결에서 사용한다.
	포스트	상대 코트의 페인트 존 안에서 골대나 상대 선수를 등진 상태로 볼을 받는 플레이.
	프레스	상대 팀이 자유롭게 공격하는 것을 막기 위해 압박하는 것.

제 1 장
기본 스킬

드리블 · 스텝 · 슛

농구는 공격 기회가 많은 스포츠다.
기본기를 잘 익혀서 시합에서 효과적으로 공격을 펼쳐보자.

MENU 001 기본 기술

공격 기본 자세

인원수	1명
장소	제한 없음
레벨	초급

목표 슛, 드리블, 패스 등 모든 동작을 자연스럽게 연결할 수 있는 기본 자세. 가슴 높이에서 볼을 잡고 자세를 유지해야 다양한 패스를 할 수 있고, 슛 동작으로도 빠르게 연결할 수 있다.

① 다리를 어깨너비 정도로 벌리고 무릎을 굽혀서 자세를 낮춘다

☑ **CHECK!** 배나 허리가 아니라 가슴 옆쪽에 볼을 잡고 자세를 유지하는 것이 기본이다.

② 상체를 세우고 등을 곧게 편다

☑ **CHECK!** 고개를 들고 시선은 앞을 바라본다. 수비 상황을 늘 파악한다.

🚫 **NG**
고개와 시선이 아래를 향하면 안 된다. 볼의 위치가 너무 낮으면 상대에게 빼앗길 수 있으니 주의하자.

등을 구부린다든지 자세가 나쁘면 다음 동작으로 자연스럽게 연결하기 힘들다. 볼이 몸에서 너무 멀리 떨어져도 안 된다.

기본 기술

볼잡기(캐치) ①

인원수	1명
장소	제한 없음
레벨	초급

목표 손끝으로 볼을 섬세하게 다루는 감각을 기른다. 슛, 패스 등 다양한 기술에 활용할 수 있다.

1 손가락으로 볼을 잡고 힘차게 밀어낸다

2 왼손에서 오른손으로, 오른손에서 왼손으로 여러 번 이동시킨다

✅ **CHECK!**
손바닥을 크게 펼치고 재빠르면서도 강하게 볼을 왕복시킨다. 팡팡 소리가 나면 좋다.

기본 기술

볼잡기(캐치) ②

인원수	1명
장소	제한 없음
레벨	초급

목표 리바운드나 패스 등 몸에서 떨어진 곳에서 볼을 잡았을 때 재빨리 몸쪽으로 끌어당겨서 상대에게 볼을 빼앗기지 않도록 한다.. 좌우 양쪽으로 연습한다.

1 몸에서 떨어진 곳에서 볼을 잡는다

2 가슴 쪽으로 재빨리 끌어당겨서 두 손으로 잡는다

✅ **CHECK!**
볼을 두 손으로 잡을 때 '탁' 하고 큰 소리가 날 정도로 빠르게 끌어당긴다. 상대에게 볼을 빼앗기지 않는다는 생각으로 동작한다.

인원수	1명
장소	제한 없음
레벨	초급

기본 기술

MENU 004 볼잡기(캐치) ③

 손가락 끝으로 볼을 섬세하게 다루는 감각을 기른다. 슛, 패스 등 다양한 기술에 활용할 수 있다.

1 손가락 끝으로 볼을 잡고 왼손과 오른손 사이를 왕복한다

2 ① 동작을 하면서 볼을 위로 올리거나 내리는 동작을 반복한다

☑ CHECK!
볼을 잡지 않고 손가락 끝을 사용해 볼을 튕기듯이 좌우로 이동시킨다. 시선은 볼을 향하지 않은 채로 반복한다.

기본 기술

MENU 005 볼 핸들링 연습 ①

인원수	1명
장소	제한 없음
레벨	초급

 볼을 자연스럽게 다루는 감각을 기른다. 시선이 볼을 향하지 않도록 주의하면서 천천히 연습하다가 익숙해지면 조금씩 속도를 올린다. 반대 방향으로도 연습한다.

1 목 주위로 볼을 돌린다　**2** 허리 주위로 볼을 돌린다　**3** 무릎 주위로 볼을 돌린다

인원수	1명
장소	제한 없음
레벨	초급

기본 기술

볼 핸들링 연습 ②

목표 볼 다루는 감각을 기르면서 팔의 민첩성을 높인다. 앞에서 뒤로, 뒤에서 앞으로 동작을 반복하는데, 리드미컬하고 속도감 있게 연습한다.

① 다리를 벌리고 몸 앞에서 볼을 잡는다

② 볼을 두 다리 사이로 통과시킨 후, 팔을 뒤로 돌려서 볼을 잡았다가 앞으로 되돌아온다

리듬감 있게 연습

☑ **CHECK!**

볼이 바닥에 떨어지지 않도록 팔을 몸 뒤로 재빠르게 돌려서 잡는다.

인원수	1명
장소	제한 없음
레벨	초급

기본 기술

볼 핸들링 연습 ③

목표 볼 다루는 감각을 기르면서 팔의 민첩성을 높인다. 메뉴 006의 응용으로 팔을 움직이는 범위가 메뉴 006보다 크다. 처음에는 앞을 보면서 천천히 연습하다가 익숙해지면 속도를 올린다.

① 무릎과 허벅지 사이에서 볼을 잡는다

② 두 손을 동시에 볼에서 놓는다

③ 손의 방향을 바꿔서 잡는다

MENU 008 〔기본 기술〕

볼 핸들링 연습 ④

인원수 1명
장소 제한 없음
레벨 초급

목표 볼 다루는 감각과 볼이 시야에서 벗어났을 때 감지하는 능력을 키운다. 등을 펴고 허리가 말리지 않는 자세를 잡은 다음 볼을 확실하게 보면서 훈련한다.

시선은 볼에 고정

1. 몸 앞에서 볼을 잡는다
2. 볼을 머리 위로 넘겨 던진다
3. 등 뒤에서 볼을 잡는다

COLUMN

동작이 잘 안될 때는 속도를 반으로 줄이자

브라질 축구 국가대표팀과 일본 프로리그 팀에서 선수로 활약하다가 은퇴 후에는 브라질 대표팀 감독으로 취임한 둥가Dunga라는 축구 지도자가 다음과 같은 말을 한 적이 있다. "일본 어린이는 실수하면 플레이 속도를 올려서 만회하려고 한다. 브라질에서는 속도를 반으로 줄이고 익숙해진 다음 서서히 속도를 높이는 식으로 접근한다." 필자도 가끔 초·중학생 농구 지도 현장을 방문하곤 하는데 실수해서 코치에게 혼이 나면 초조함에 속도를 올렸다가 실수를 반복하는 악순환에 빠지는 선수를 많이 보았다.

농구를 갓 시작한 아이들이 부족한 점이 많은 것은 당연한 일이다. 그것을 할 수 있게 만들고, 자신 있게 플레이할 수 있게 하는 데에 둥가의 접근법을 도입해 보기를 바란다.

MENU 009	기본 기술	인원수 1명
	드리블 기본 자세	장소 제한 없음
		레벨 초급

> **목표** 공격할 때 기본 자세(메뉴 001)를 취하고 드리블한다. 수비수 반응에 따라 자세나 드리블의 종류를 바꿔야 하므로 늘 수비수의 행동에 반응할 수 있도록 기술을 갈고 닦는다.

① 몸 옆쪽에서 드리블한다. 반대쪽 손은 앞으로 뻗어서 볼을 커버한다

반대쪽 손으로 볼을 가드한다

☑ **CHECK!** 고개를 들고 시야를 확실하게 확보한다.

② 수비수가 다가오면 몸을 비스듬히 옆으로 돌린다

☑ **CHECK!** 드리블하는 쪽의 반대쪽 다리를 앞으로 내밀고 몸으로 볼을 커버한다.

③ 수비수가 가까이 접근해 오면 등을 돌린다

몸을 돌려서 등을 보인다

☑ **CHECK!** 등을 사용해 수비수에게서 볼이 멀리 떨어지게 한다. 시선은 확실하게 앞을 향한다.

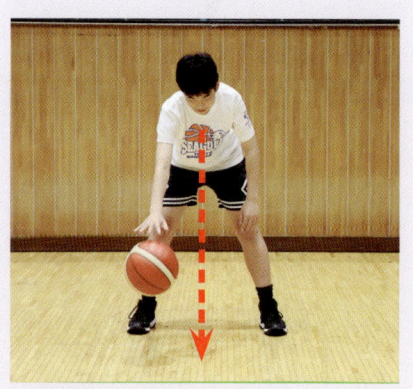

🚫 **NG**
수비수를 보지 않고, 커버하는 손을 뻗지 않은 채 몸 앞쪽에서 드리블하면 NG. 상대에게 볼을 빼앗기기 쉬우므로 주의한다.

| MENU 010 | 드리블 **프런트 체인지** | 인원수 1명
장소 제한 없음
레벨 초급 |

목표 수비수와 멀리 떨어진 상황에서 진행 방향이나 리듬을 바꿀 때 사용한다. 처음에는 원 드리블 후에 볼을 좌우로 이동(프런트 체인지※)하기를 반복하다가 익숙해지면 연속 프런트 체인지를 한다.

① 발끝의 대각선 바깥쪽에서 바로 아래로 원 드리블한다

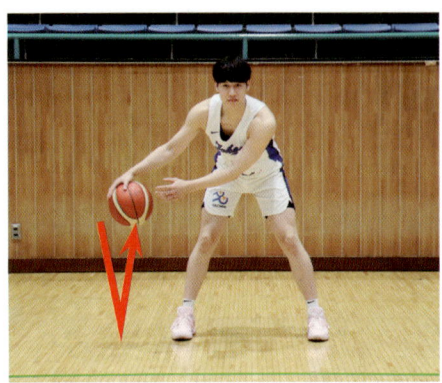

☑ **CHECK!** 몸의 중심을 낮춘 자세에서 힘차게 드리블한다. 가능하면 몸으로부터 떨어진 곳에서 볼을 다룬다.

② 몸의 중심을 향해 드리블한다

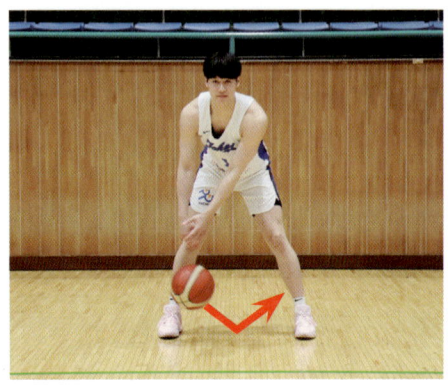

☑ **CHECK!** 몸의 중심을 향해 비스듬하게 드리블한다. 시선은 늘 정면을 향한다.

③ 반대쪽 손으로 볼을 캐치한다

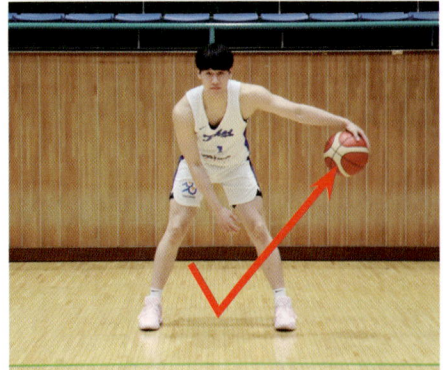

☑ **CHECK!** 드리블 강도를 계속 유지할 수 있도록 손목과 손바닥을 유연하게 사용해 볼을 캐치한다.

조언 발목과 무릎을 굽히고 리듬을 타면서 연습하면 훨씬 수월하다.
힘차고 재빠르게 드리블하면 수비수가 커트하기 어렵다. 드리블할 때 좌우 볼 높이가 같은지 확인하자.

※사진에서는 좌우로 이동하지만 몸 옆에서 앞뒤로 볼을 이동하는 연습도 있다(메뉴 018 조언! ⑤ 참고).

MENU 011 — 드리블 — 레그 스루

인원수	1명
장소	제한 없음
레벨	초급

목표 수비수가 가까이 있을 때 효과적인 드리블 체인지. 아래를 보지 않고 할 수 있을 때까지 연습한다. 볼을 놓치지 않도록 양손으로 잘 컨트롤하는 것도 중요하다.

1 한 발을 가볍게 앞으로 내밀고 원 드리블한다

☑ **CHECK!** 발끝의 대각선 앞쪽에서 바로 아래로 힘차게 드리블한다. 무게 중심을 낮춘 자세를 항상 유지한다.

2 가랑이 사이로 볼을 통과시킨다

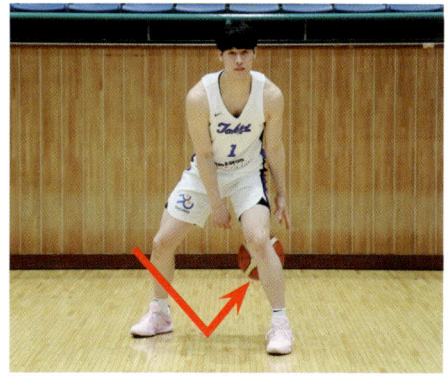

☑ **CHECK!** 손바닥으로 힘차게 볼을 밀어 가랑이 사이 뒤로 보낸다. 시선은 똑바로 정면을 향한다.

3 반대쪽 손으로 볼을 잡아서 다시 몸 앞쪽으로 보낸다

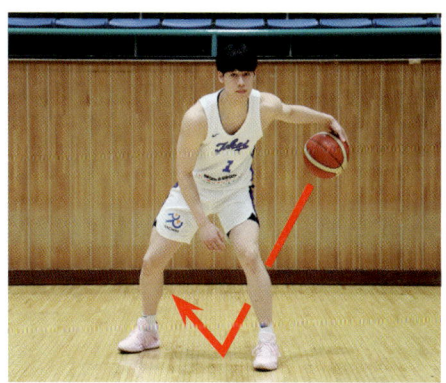

☑ **CHECK!** 손목을 유연하게 사용해 볼을 잡은 다음 뒤에서 몸 앞으로 볼을 보낸다.

조언 다리를 앞뒤로 벌리고 몸의 좌우로 볼을 이동하는 방법도 연습해보자. 힘차고 신속하게 볼을 이동시키는 것이 포인트다.

 드리블

인사이드 아웃

인원수	1명
장소	제한 없음
레벨	초급

목표 볼을 좌우로 이동(프런트 체인지)하는 척하면서 원래 위치에 되돌려 놓는 기술이다. 손목을 안쪽에서 바깥쪽으로 돌리는 동시에 몸도 안쪽에서 바깥쪽으로 페이크 동작을 넣으면 상대를 혼란스럽게 할 수 있다.

① 발끝 대각선 앞쪽에서 원 드리블한다

☑ **CHECK!** 다른 드리블 기술과 마찬가지로 힘차고 크게 드리블하도록 신경 쓴다.

② 볼이 최고점에 달했을 때 부드럽게 볼을 잡는다

☑ **CHECK!** 볼의 힘을 유지한 채로 손바닥을 사용해서 살며시 볼을 터치한다.

③ 손목을 바깥쪽으로 돌려서 볼을 비스듬하게 아래로 밀어낸다

☑ **CHECK!** 볼의 힘을 그대로 유지한 채로 손목을 돌려 발끝 앞쪽에서 튕긴다.

④ 튕겨 올라온 볼을 잡아서 드리블을 계속한다

☑ **CHECK!** ①과 거의 같은 위치와 자세로 볼을 캐치한다.

| MENU 013 | 드리블 | 비하인드 백 | 인원수 1명 / 장소 제한 없음 / 레벨 초급 |

목표: 수비수가 가까이 있을 때 효과적인 드리블 체인지. 완벽하게 시선이 닿지 않는 등 뒤에서 볼을 다루기 때문에 쉽지 않은 기술이지만, 여러 번 연습을 반복하면 감각을 익힐 수 있다.

1. 발 바깥쪽에서 힘차게 한 번 드리블하고 볼을 등 뒤로 보낸다

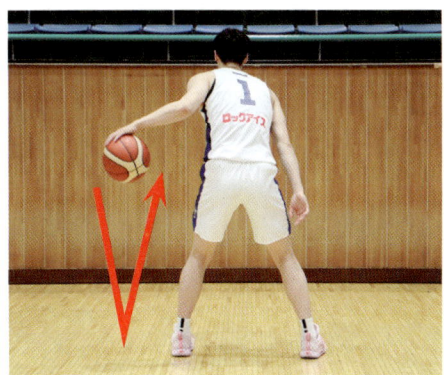

☑ **CHECK!**
어깨가 뻣뻣하면 자연스럽게 동작을 연결하기가 어렵다. 워밍업 등으로 어깨 근육을 풀어 놓자.

2. 볼을 비스듬하게 밀어낸다

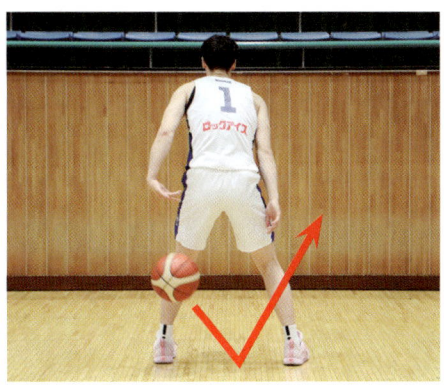

☑ **CHECK!**
엉덩이 바로 아래 부근에서 볼을 튕긴다. 반대쪽 손으로 볼을 잡으러 간다.

3. 반대쪽 손으로 볼을 잡고 같은 동작을 반복한다

☑ **CHECK!**
눈으로 확인하지 않아도 볼이 반대쪽 손에 들어오도록 연습하자.

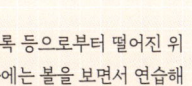 **조언**
볼이 몸에 부딪히지 않도록 등으로부터 떨어진 위치에서 볼을 잡는다. 처음에는 볼을 보면서 연습해도 좋다.

롤 턴

인원수	1명
장소	제한 없음
레벨	초급

목표 수비수의 밀착 방어에서 벗어날 때 활용할 수 있는 기술이다. 턴하거나 착지할 때 몸이 흔들리지 않도록 중심을 낮추고, 작고 신속하게 움직이는 것이 포인트다. 좌우 어느 쪽으로든 할 수 있도록 연습하자.

1 뒤쪽 다리의 대각선 앞에서 드리블하고 볼을 몸쪽으로 당긴다

✅ **CHECK!** 자세를 낮춰서 턴할 준비를 한다. 반대쪽 손은 앞으로 뻗어서 수비수를 막는다.

2 앞쪽 다리를 중심축으로 재빨리 턴한다

✅ **CHECK!** 축으로 삼은 다리의 반대쪽 발(프리 풋)이 가능하면 몸에서 떨어지지 않도록 작게 돈다.

3 턴이 끝나면 바로 아래로 원 드리블한다

✅ **CHECK!** 흔들리지 않도록 확실하게 프리 풋으로 착지한다.

4 드리블하는 손을 바꾸고 정면을 바라본다

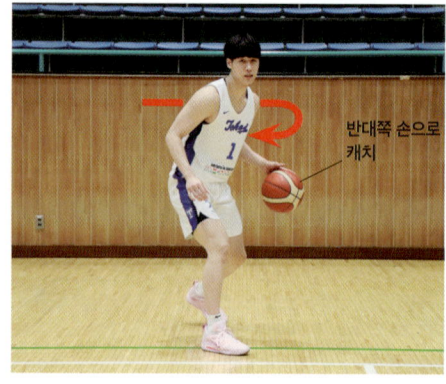

✅ **CHECK!** 그대로 자세를 낮춘 상태에서 계속 드리블하며 수비수를 단번에 제친다.

MENU 015 · 드리블

컨트롤 드리블

인원수	2명
장소	제한 없음
레벨	초급

목표 역시 수비수의 밀착 방어에서 벗어날 때 활용할 수 있는 기술이다. 발을 뺄 때 수비수의 반응을 살피고, 상황에 따라 앞회전(프런트 턴)과 뒤회전(롤 턴)을 나눠서 사용한다.

1 수비수를 옆으로 등지고 밀치면서 드리블한다

수비수

☑ **CHECK!** 수비수가 볼을 쉽게 빼앗지 못하도록 밀치면서 드리블한다. 밀칠 때는 상체를 곧게 편다.

2 볼과 가까운 쪽※ 발을 뒤로 빼고 수비수를 본다

☑ **CHECK!** 뒤로 뺀 다리 쪽으로 수비수가 움직이면 프런트 턴할 준비를 한다.

※사진에서는 오른쪽

[수비수가 반응하는 경우] 프런트 턴을 한다

프리 풋의 발팔 쪽으로 회전한다

☑ **CHECK!** 날카롭게 프런트 턴하고 낮게 드리블하면서 단번에 수비수를 따돌린다.

[수비수가 반응하지 않는 경우] 롤 턴한다

상대를 등으로 감듯이 둥글게 회전한다

☑ **CHECK!** 그대로 롤 턴해서 수비수와 위치를 바꾸고 드리블로 돌파한다.

 드리블

체인지 오브 페이스

인원수	1명
장소	제한 없음
레벨	초급

목표 드리블 스피드에 강약을 조절하면서 수비수를 제치는 기술이다. 완급이 있으면 수비수가 따라붙기 힘들고 방어하기가 어렵다.

① 빠르게 드리블하며 나아간다

☑ **CHECK!** 이때 속도를 줄이지 않고 유지해야 다음 플레이로 넘어갈 수 있다.

② 수비수 앞에서 갑자기 멈춘다

볼을 강하게 드리블한다

☑ **CHECK!** 드리블을 힘차게 하면 컨트롤하기 쉽다. 몸을 살짝 일으키며 다음 동작을 준비한다.

③ 상체를 가볍게 세운다

☑ **CHECK!** 마치 드리블 돌파를 포기한 것처럼 보이도록 한다.

④ 단번에 몸을 숙이며 수비수를 제친다

☑ **CHECK!** 수비수가 방심한 틈을 놓치지 않고 재빠르게 앞쪽으로 드리블하며 상대를 돌파한다.

MENU 017

드리블

페네트레이트 드리블

인원수	1명
장소	제한 없음
레벨	초급

목표 수비수가 2명 붙거나(더블 팀) 픽&롤(메뉴 127)일 때 수비수 사이를 뚫고 돌파하는 기술이다. 수비수가 있다고 생각하며 연습한다.

1 드리블하며 전진한다

☑ **CHECK!** 앞에 더블 팀이 빈틈없이 수비한다고 생각하며 드리블한다.

2 상체를 세우고 상대를 속이는(페이크) 동작을 한다

☑ **CHECK!** 드리블 돌파를 포기한 척해서 수비수가 방심하게 만든다.

3 낮은 자세에서 작게 투 드리블한다

☑ **CHECK!** 2명의 수비수 사이를 빠져나가는 상황을 떠올리며 앞쪽으로 드리블한다.

4 수비수를 제친다

☑ **CHECK!** 낮은 자세에서 드리블로 단번에 속도를 올려 골밑으로 들어간다.

드리블 연습(제자리에서)

인원수	1명
장소	제한 없음
레벨	초급

 워밍업이나 개인 시간에 하기 좋은 연습이다. 드리블을 크게, 작게, 좌우로, 앞뒤로 하면서 다양하게 조합해 보자.

다양한 종류의 드리블을 연속으로 실시한다

조언

다음과 같이 드리블해보자.
① 강하게 치기
② 무릎 높이까지 치기
③ 어깨 높이까지 치기
④ 좌우로 프런트 체인지(메뉴 010)
⑤ 몸 옆에서 앞뒤로 프런트 체인지
⑥ 원 드리블한 다음 프런트 체인지, 레그 스루(메뉴 011), 비하인드 백(메뉴 013)

드리블 연습(움직이면서)

인원수	1명
장소	하프 코트
레벨	초급

 메뉴 018의 응용 연습. 메뉴 018처럼 다양하게 할 수 있는 연습이므로 팀 수준이나 연습 시간에 따라 선택해 실시한다. 연습할 때는 늘 수비수의 존재를 의식하자.

다양한 드리블 체인지를 사용하면서 사이드 라인 사이를 왕복한다

다음과 같이 드리블 체인지를 연습한다.
① 프런트 체인지
② 레그 스루
③ 비하인드 백
④ 투 드리블한 후 레그 스루
⑤ 투 드리블한 후 비하인드 백

조언

수비수를 염두에 두고 바로 볼을 몸으로 막을 수 있도록 한다.

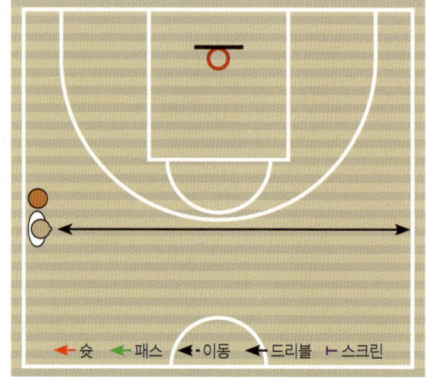

MENU 020 — 드리블 — 원 드리블 페이스업

인원수	1명
장소	하프 코트
레벨	초급

목표: 드리블한 다음 슛 준비 동작(슛 세트)을 한다. 자유투 라인에서 원 드리블하고 슛 세트를 좌우 교대로 반복하며 지그재그로 전진한다. 마지막은 점프 슛으로 마무리한다.

① 한 걸음 내디디면서 동시에 힘차게 원 드리블한다

② 왼쪽 다리→오른쪽 다리※ 순으로 멈춰 서서 슛 세트를 한다

③ 골밑까지 1, 2를 반복하고 마지막에는 점프 슛을 한다

※②는 오른쪽으로 원 드리블한 경우의 순서다. 아래 사진과 같이 왼쪽으로 원 드리블하면 오른쪽 다리→왼쪽 다리 순서로 멈춘다.

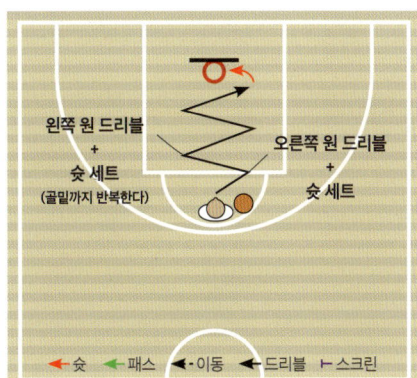

조언: 드리블(볼을 내리치는 힘)이 약하면 볼이 튀어 오르는 힘도 약해지기 때문에 몸이 앞으로 기울어지고 다음 동작도 늦어진다. 반면, 드리블이 강하면 볼이 튀어 오르는 힘도 강해져서 몸이 앞으로 기울어지지 않고, 원 드리블한 후에 슛 동작으로 바로 이어갈 수 있다.

원 드리블 — 자세는 낮게

슛 세트 — 림을 본다

힘차고 빠르게 쏜다

피벗 기본 자세

스텝

인원수	1명
장소	제한 없음
레벨	초급

목표 수비수가 가까이 붙어서 드리블할 수 없는 상황일 때 한쪽 다리를 축으로 반대쪽 다리(프리 풋)를 전후좌우로 크게 움직이며 공간을 만들고 다음 플레이로 연결한다.

① 출발 포지션에서 프리 풋을 한쪽 사이드로 크게 내디딘다

✅ **CHECK!** 낮은 자세로 크고 힘차게 발을 내디디며 수비수와 거리를 만든다.

② 프리 풋을 반대쪽 사이드로 크게 내디딘다

✅ **CHECK!** 가만히 있을 때는 몸 옆에서 볼이 떨어지지 않게 한다.

③ 프리 풋을 반대쪽 사이드 뒤쪽으로 크게 내디딘다

✅ **CHECK!** 볼을 이동시킬 때는 수비수가 손을 뻗기 힘든 위치로 빠르게 움직인다.

④ 백 턴을 하여 반대쪽 사이드 앞쪽으로 발을 크게 내디딘다

✅ **CHECK!** 축이 되는 다리가 뜨지 않도록 중심을 낮추고 빠르게 턴한다.

인원수	2명
장소	제한 없음
레벨	초급

MENU 022

스텝

피벗 연습

목표: 축이 아닌 다리를 움직이는 스텝(피벗) 감각을 기른다. 처음에는 눈을 감은 상태로 연습하고, 이후에는 눈을 뜨고 실전처럼 연습한다. 시간을 설정하고 축이 되는 다리를 바꿔서도 연습하자.

① 눈을 감고 볼을 안은 채 준비한다

수비수 / 공격수 / 볼을 배에서 감싼다

② 수비수의 움직임을 읽으면서 피벗으로 빠져나간다

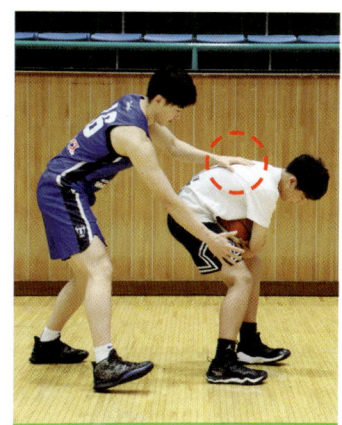

☑ CHECK!
수비수는 부상을 방지하기 위해 반드시 한 손을 공격수 등에 대고 볼을 빼앗는다. 공격수는 피벗 동작을 하면서 볼을 지킨다.

조언 🔊

볼을 움직일 때는 수비수가 손을 뻗기 힘든 낮은 위치(무릎 아래쪽)에서 재빠르게 좌우로 움직인다(스와프).

볼 커트를 조심하면서 높은 위치에서 빠르게 움직이는 것도 좋다.

방향 전환 연습의 기본 동작

인원수	2명
장소	하프 코트
레벨	초급

목표 패스를 받을 때와 드리블한 후 다음 플레이로 넘어갈 때 발놀림(셰이빙)을 익히기 위한 기본 동작이다. 아래 동작을 바탕으로 메뉴 024부터 나오는 수비수의 다양한 움직임을 예상하며 연습한다.

① A는 자유투 라인으로 올라가서 B에게 패스를 받아 골대 정면에 선다

달리기 전에는 V자로 방향 전환을 하고(V커트), 완급을 조절하여 수비를 흔들며 움직인다.

☑ CHECK!
골대와 마주한 순간에 슛 페이크를 하면 실전에서 수비를 따돌리기 쉽다.

② A는 페인트 존 라인으로 드리블하며 들어간 후 B에게 패스한다

낮은 자세를 유지하며 드리블로 수비수를 제치고 돌파한다(드라이브). 이후 A는 B에게 패스하고 다음 선수와 교대한다. 좌우 양쪽 사이드에서 연습한다.

☑ CHECK!
B에게 패스할 때도 수비수가 있다고 생각하면서 페이크 동작을 넣는다.

메뉴 024~027의 '방향 전환 연습 ①~④'는 위의 움직임에서 'A가 패스를 받을 때(1-①, ②)'와 'A가 드라이브를 멈추고 B에게 패스를 이어갈 때(2-①, ③)' 수비수가 있다고 여기고, 수비수의 움직임에 맞춰 동작을 바꾸는 패턴 연습이다.

본문에는 패스를 받을 때와 드라이브를 멈출 때 '발의 움직임 차이'만 설명했지만, 실제로 연습할 때는 반드시 위의 코트 그림으로 설명한 움직임을 기초로 연습하자.

방향 전환 연습 ①

인원수	2명
장소	하프 코트
레벨	초급

목표 스텝만으로 수비수와 거리를 만든다. 공격에 꼭 필요한 기술이니 잘 익히도록 하자.

[패스를 받을 때]

 A는 B가 보내는 패스를 공중에서 캐치하고 오른쪽 다리로 착지한다

☑ **CHECK!**
두 다리로 착지한 후 재빨리 움직일 수 있도록 균형을 잘 잡자.

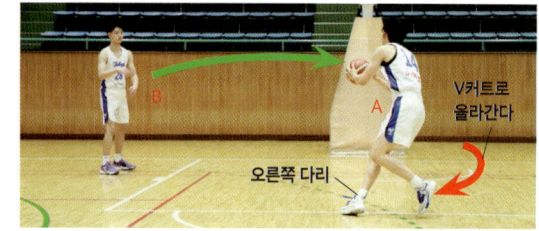

 왼쪽 다리도 착지하면서 골대를 정면으로 바라본다

☑ **CHECK!**
정면을 바라본 순간에 슛 페이크를 한 다음 드라이브로 연결하면 실전에서 효과적으로 드리블할 수 있다.

[드라이브를 멈출 때]

 A는 드라이브한 후 왼쪽 다리 → 오른쪽 다리 순으로 멈춘다

 **CHECK!**
낮은 자세를 유지한 채 급정지한다. 림을 보며 공격할 의도를 수비에게 표시한다.

 프런트 턴하고 달려오는 B에게 패스한다

☑ **CHECK!**
A는 B가 달려오는 것을 확인한 후에 패스한다.

MENU 025 방향 전환 연습 ②

인원수	2명
장소	하프 코트
레벨	초급

목표 수비수가 가까이 있을 때 평범하게 드리블하면 커트를 당할 수 있다. 축으로 삼을 다리를 정하고 뒤로 돌면 (리버스 턴) 수비수를 피해 드리블이나 패스를 안전하게 할 수 있다.

[패스를 받을 때]

① A는 오른쪽 다리 → 왼쪽 다리 순으로 멈춰서 패스를 받는다

② 오른쪽 다리를 축으로 리버스 턴을 한 후 페인트 존 라인으로 드라이브하며 들어간다

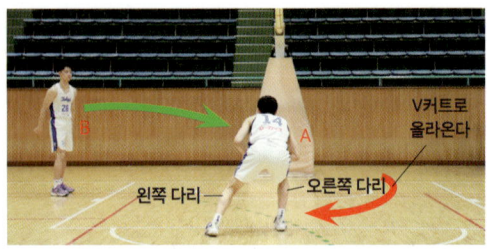

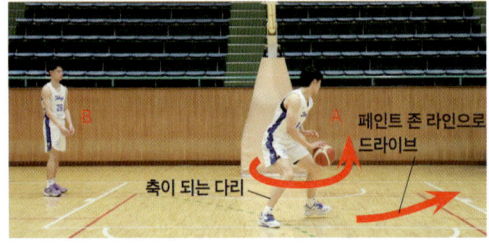

[드라이브를 멈출 때]

① A는 드라이브한 후에 왼쪽 다리 → 오른쪽 다리 순으로 멈춘다

② 왼쪽 다리를 축으로 리버스 턴하고 B에게 패스한다

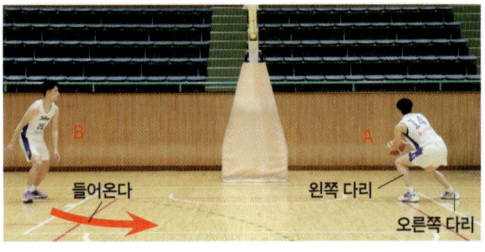

MENU 026 (스텝)

방향 전환 연습 ③

인원수	2명
장소	하프 코트
레벨	초급

목표 메뉴 025의 [패스를 받을 때] ①에서 멈추는 다리 순서를 반대로 한 연습이다. 어느 발로 먼저 착지해도 자연스럽게 플레이할 수 있도록 연습하면서 자기가 어떤 순으로 착지했을 때 더 편한지 알아둔다.

[패스를 받을 때]
① A는 패스를 받으면 왼쪽 다리부터 착지한다

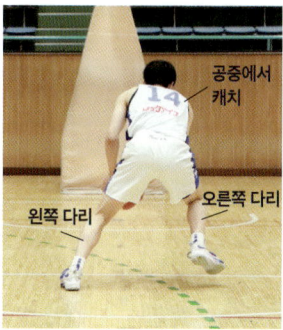

② 오른발로 드라이브해 페인트 존 라인으로 간다

[드라이브를 멈출 때]
오른쪽 다리 → 왼쪽 다리 순으로 멈춰서 B에게 패스한다

MENU 027 (스텝)

방향 전환 연습 ④

인원수	2명
장소	하프 코트
레벨	초급

목표 수비수가 가까이 있을 때 수비수를 등지고 볼을 받은 다음(볼 미트), 드라이브하는 방법도 있다. 상황에 따라 구분해 사용한다.

[패스를 받을 때]
A는 패스를 받으면 등을 돌리며 착지한다

[드라이브를 멈출 때]
① 드라이브한 후 수비수를 등지며 오른쪽 다리로 착지한다

② 프런트 턴해서 B에게 패스한다

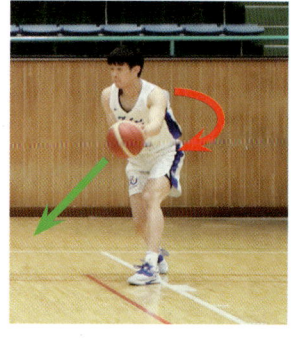

MENU 028

기본 스킬

세트 슛

인원수	1명
장소	골밑
레벨	초급

① 림 정면에서 하체를 부드럽게 사용해 자세를 낮춘다

② 눈썹 앞쪽에 볼이 오도록 세팅한다

발가락, 무릎, 상체는 림 정면을 향한다

다리를 어깨너비로 벌린다

왼손은 가볍게 받치는 정도로 살짝 댄다

☑ CHECK!

오른손은 손목에 주름이 잡히도록 볼을 잡는다.

☑ CHECK!

오른쪽 팔꿈치는 볼 바로 아래에 놓고, 팔꿈치와 손목 각도는 90도가 되는 것이 좋다. 하체와 상체를 부드럽게 연결하는 이미지를 떠올리면서 볼을 던지면 높은 포물선을 그리는 슛이 된다.

목표 농구에서 가장 즐거운 순간은 슛이 들어갔을 때다. 하지만 골 결정력을 높이는 지름길은 없다. 자신에게 맞는 슛 폼을 정하고, 늘 같은 자세로 수백 번 슈팅을 반복해야 조금씩 성공률이 높아진다. 볼을 사용할 수 없을 때는 거울 앞에서 섀도 슈팅 연습을 해도 좋다. 슈팅하는 모습을 동영상으로 촬영해서 슛 폼이 정확한지 한 번씩 확인하면 좋다.

③ 백스핀을 걸어서 볼을 던진다

조언

슛이 잘 들어가지 않는다면 오히려 슈팅 기술을 갈고닦을 좋은 기회다. 무엇이 문제인지 원인을 파악하고 수정해보자.

[확인해야 할 포인트]
- 림을 정면으로 보고 있는가?
- 자신에게 맞는 자세를 취했는가?
- 슛을 던진 후에 전후좌우 몸의 위치가 바뀌지는 않았는가?
- 팔로우스루까지 의식하고 있는가?

필자가 현역 선수였을 때 팀 동료 중 일본을 대표하는 훌륭한 슈터가 있었다. 어느 날 동료에게 어떻게 그렇게 슛을 잘 성공시키냐고 물어봤더니 위와 같은 포인트를 알려주었다. 이를 늘 염두에 두면 슛이 들어가지 않았을 때 곧장 바로잡기가 쉽다.

☑ CHECK!

슛을 쏜 후에 검지와 중지가 확실하게 림을 향하고 있는지 확인한다.

☑ CHECK!

슛할 때는 자세가 앞으로 기울지 않도록 하고, 끝까지 림을 바라본다.

오버 핸드 레이업 슛

인원수	1명
장소	골밑
레벨	초급

목표 러닝 슛의 기본이 되는 슛. 속도가 붙은 드리블에서 힘차게 발돋움하고, 가능한 높은 위치에서 볼을 던진다. 양손 어느 쪽으로든 슛을 던질 수 있도록 연습하자.

1. 힘차게 발을 내디딘다
2. 점프할 때 가장 높은 지점에서 슛을 던진다
3. 손목을 부드럽게 사용해 백스핀을 건다

☑ **CHECK!**
슛할 때 팔을 올려서 블록을 경계한다.

원 스텝 오버 핸드 레이업 슛

인원수	1명
장소	골밑
레벨	초급

목표 보통 '1, 2' 스텝 후에 던지는 오버 핸드 레이업 슛(메뉴 029)을 '1' 스텝 타이밍에 쏜다. 수비수의 리듬을 깨뜨려 슛 성공률을 높일 수 있다.

1. 첫걸음에 슛을 쏘기 위해 힘차게 발을 내디딘다
2. 오버 핸드 레이업 슛을 쏜다

☑ **CHECK!**
'1' 스텝 타이밍에 재빨리 뛰어오르는 것이 중요하다. 타이밍이 어긋나기 때문에 수비수의 반응이 늦어진다.

MENU 031 스킵&오버 핸드 레이업 슛

인원수	1명
장소	골밑
레벨	초급

목표 오버 핸드 레이업 슛 감각을 기른다. 스킵의 기세를 슛 높이로 연결하는 것이 포인트다.

스킵으로 골밑으로 들어가 오버 핸드 레이업 슛을 쏜다

드리블하지 않고 볼을 든 상태로 스텝을 밟으면서 골대 근처에서 한 발로 점프해 오버 핸드 레이업 슛(메뉴 029)을 쏜다.

조언 스킵할 때는 볼을 위아래로 움직이며 반동을 잘 활용하자. 그러면 높이 도약하며 슛을 쏠 수 있다.

← 슛　← 패스　← 이동　← 드리블　⊢ 스크린

MENU 032 사이드 킥&오버 핸드 레이업 슛

인원수	1명
장소	골밑
레벨	초급

목표 메뉴 031의 응용. 좌우로 크게 움직이는 스텝(유로 스텝)의 기초를 다지는 훈련이자 좌우로 빠르게 전환하는 사이드 킥 훈련 효과도 얻을 수 있다.

1 사이드 킥으로 전진한 다음 골대 근처에서 '1, 2' 스텝을 밟는다

2 오버 핸드 레이업 슛을 쏜다

좌우로 크게 움직인다

유로 스텝&오버 핸드 레이업 슛

인원수	1명
장소	골밑
레벨	중급

목표 스스로 수비수를 끌어들이고 다시 따돌리며 공격 기회를 만든다. 유로 스텝은 유럽에서 도입된 기술로 지노빌리 스텝이라고도 부른다.

1 드리블하며 골대로 다가간다

☑ **CHECK!** 속도를 붙이며 골대로 향한다.

2 볼을 잡고 옆으로 크게 발을 디딘다

☑ **CHECK!** 스텝으로 수비수를 끌어들인다.

3 반대쪽으로 크게 발을 디딘다

☑ **CHECK!** ②의 반대쪽으로 발을 크게 디뎌서 수비수를 따돌리면 공격 기회가 생긴다.

4 그 자리에서 위로 점프하며 오버 핸드 레이업 슛을 쏜다

☑ **CHECK!** 실전처럼 수비수가 있다고 생각하고 위로 똑바로 뛴다.

MENU 034 — 더블 클러치 슛

인원수	1명
장소	골밑
레벨	중급

목표 수비수가 블록하러 뛰어올랐을 때 활용할 수 있는 기술이다. 상대의 슛 블록을 공중에서 피하고 슛하는 어려운 기술로 점프력과 테크닉이 모두 필요하다. 연습을 반복해서 몸의 감각을 기르자.

① 레이업 슛을 쏘는 것처럼 뛰어오른다

② 볼 잡는 손을 바꾼다

③ 착지하기 직전에 슛을 쏜다

☑ **CHECK!**
어려운 기술이므로 실패하더라도 좌절하지 말자. 반복 연습하여 감각을 기르는 것이 중요하다.

MENU 035 — 백 슛

인원수	1명
장소	골밑
레벨	중급

목표 수비수를 따돌리기 위해 골밑을 지나가면서 뒤쪽을 향해 슛을 던지는 기술이다. 림이 보이지 않는 상태에서 슛을 쏘는 상황도 염두에 두고 연습을 반복하면서 거리감을 익히자.

① 드리블하여 골밑으로 들어간다

② 진행 방향을 코트 안쪽으로 바꾼다

③ 슛 쏘는 자세를 취한다

④ 골대를 지나쳐 슛을 쏜다

MENU 036	(슛) 플로터 슛	인원수 1명 장소 골밑 레벨 중급

목표 장신 선수나 수비수의 압박(슛 체크)으로부터 벗어날 때 활용할 수 있는 슛 기술이다. 볼에 회전을 걸지 않고 팔꿈치로부터 밀어내는 느낌으로 슛을 던지는데, 높은 포물선을 그리도록 한다.

손바닥 전체로 비스듬하게 위쪽으로 밀어낸다

① 위로 똑바로 뛰어오르며 머리 위에서 슛 동작을 한다

② 가장 높은 지점에서 볼을 밀어낸다

☑ **CHECK!**
평소라면 '1, 2' 스텝 타이밍에 볼을 놓지만 여기서는 '1' 스텝 타이밍에 볼을 놓는다.

MENU 037	(슛) 페이드 어웨이 슛	인원수 1명 장소 골밑 레벨 중급

목표 수비수가 가까이 있을 때 블록을 피하면서 슛을 던지는 기술이다. 너무 뒤로 기울이면 넘어질 수 있으니, 연습을 반복하며 적절한 각도를 몸에 익히자.

① 슛 준비를 하며 뒤로 비스듬하게 점프한다

② 가장 높은 지점에서 볼을 던진다

MENU 038 훅 슛

인원수	1명
장소	골밑
레벨	초급

목표 몸으로부터 떨어진 곳에서 슛을 던져 수비수의 블록을 피하는 기술이다. 골대에 가까운 위치(인사이드)에서 플레이하는 선수에게 꼭 필요한 기술이지만 골대에서 멀리 떨어져 플레이(아웃사이드)하는 선수도 익히면 좋다.

1 점프와 동시에 볼을 올린다

2 가장 높은 지점에서 볼을 던진다

림에서 먼 손으로 볼을 잡는다

✓ CHECK!

손목 스냅으로 슛의 궤도를 컨트롤한다. 수비수가 압박하는 상황을 염두에 두고 볼과 반대쪽 팔을 올려서 압박을 커버하는 습관을 기른다.

MENU 039 마이칸 드릴

인원수	1명
장소	골밑
레벨	초급

목표 훅 슛(메뉴 038)이나 더블 클러치 슛(메뉴 034)처럼 어려운 슛의 감각을 기른다. 볼을 떨어뜨리지 않고 4종류(조언 참고)의 슛을 연속으로 실시하는 강도 높은 연습이다.

1 '1, 2' 스텝으로 훅 슛을 한다

2 떨어진 볼을 잡고 반대쪽 사이드에서 슛을 한다

조언 🔊

다음 네 가지 슛을 각각 연속으로 10번(중학생은 5번) 성공시키는 연습을 해보자.
① 1, 2 스텝 후 훅 슛
② 두 나리토 점프하는 훅 슛
③ 백 슛
④ 백보드를 맞추지 않고 넣는 훅 슛

파워 레이업 슛

인원수	1명
장소	골밑
레벨	초급

목표 점프 스톱한 후에 슛을 쏜다. 착지 후에 슛 페이크 동작을 넣거나 한 발을 크게 내디디는 방법으로 수비수를 따돌린 후 슛할 수도 있다.

① 두 다리로 동시에 착지한다(점프 스톱)

② 슛을 던진다(사진은 훅 슛)

중심을 낮춘다

☑ **CHECK!**
멈췄을 때는 볼을 앞으로 내밀지 말고 몸 가까이 붙여서 지키자. 페이크 동작 후에 훅 슛, 한 발을 크게 내디디며 슛(스텝 인 슛) 등 수비수의 움직임을 염두에 두고 다양한 패턴을 연습한다.

 ## 파워 레이업 슛 연습

인원수	3명 이상
장소	골밑
레벨	초급

목표 메뉴 040을 응용한 연습. 드리블하다가 점프 스톱한 후에 슛 페이크를 하고 슛, 한 발 더 내디디며 슛을 하는 등 다양한 조합으로 연습한다.

① 반대 방향으로 가볍게 페이크 동작을 한 후에 림 정면에서 패스를 받는다

② 드리블 → 파워 레이업 슛(메뉴 040)을 한다

MENU 042 레인 커트①

인원수	3명 이상
장소	골밑
레벨	중급

목표 커팅한 후에 드리블하지 않고 득점하는 연습이다. 스텝이나 페이크를 활용하며 거침없이 득점을 노리자.

 A는 코너에서 골대 정면으로 들어간다

☑ **CHECK!**
A는 엔드 라인 쪽으로 작게 페이크 동작을 넣은 다음 골대 정면으로 이동한다.

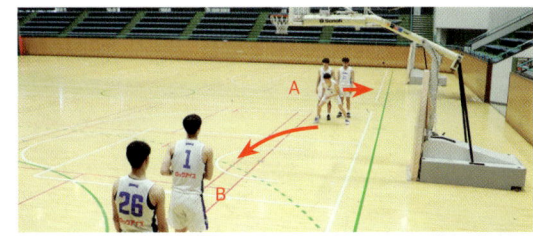

 A는 B에게 패스를 받아서 두 발로 착지(점프 스톱)한다

☑ **CHECK!**
골대를 옆에 둔 자세로 볼을 받은 후 점프 스톱 한다.

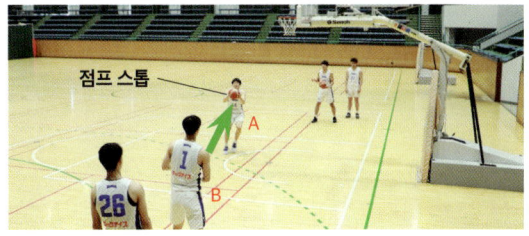

 점프 훅 슛을 쏜다

☑ **CHECK!**
힘차게 발을 내딛고, 수비수가 블록하기 힘들게 높은 타점의 슛을 노린다.

 반대쪽 사이드의 B가 들어오고 C에게 패스를 받아 똑같이 실시한다

☑ **CHECK!**
A는 B줄의 맨 끝으로 가서 선다. 이런 흐름으로 연습을 반복하며 레인 커트 ②~⑤(메뉴 043~046)의 훈련을 이어간다.

레인 커트②

인원수	3명 이상
장소	골밑
레벨	중급

목표 레인 커트①(메뉴 043)에서 수비수가 훅 슛을 막으러 왔을 때 대응책이다. 업&언더라는 볼 이동 기술로 수비수를 헷갈리게 한 후 슛을 쏜다.

① 점프 훅 슛을 쏘는 척한다

슛 페이크 동작을 한다

② 몸과 다리의 순서를 재빨리 바꿔서 슛을 쏜다

바로 슛

무게 중심을 반대쪽으로 이동한다

☑ **CHECK!**

슛 페이크 동작을 한 후에는 몸의 방향을 빠르게 바꾸고 파고들어 슛을 쏜다.

레인 커트③

인원수	3명 이상
장소	골밑
레벨	중급

목표 두 발로 착지(점프 스톱)하며 볼을 받은 다음(볼 미트) 한 발을 크게 내디디며 슛(스텝 인 슛)으로 연결한다.

① 골대를 옆에 둔 자세로 볼을 받고 점프 스톱한다

② 골대 쪽 다리를 앞으로 한 발 더 크게 내디디며 착지와 동시에 슛을 쏜다

크게 내디딘다

☑ **CHECK!**

수비수가 뒤에서 쫓아오는 상황을 염두에 두고, 곁눈질로 수비수 위치를 확인하며 크게 한 발 내디딘다.

레인 커트 ④

인원수	3명 이상
장소	골밑
레벨	중급

목표 레인 커트①(메뉴 042)에서 수비수가 빠르게 다가와 앞에 위치했을 때 대응책이다. 수비수의 움직임을 파악하고 바깥쪽으로 돌아서(리버스 턴) 슛으로 연결한다.

① 골대를 옆에 둔 자세로 볼을 받고 점프 스톱한다

무게 중심을 낮춘다
왼쪽 다리

② 왼쪽 다리를 축으로 리버스 턴하고 반대쪽(오른쪽) 다리를 내디디면서 슛을 쏜다

왼쪽 다리

☑ **CHECK!**
리버스 턴을 빠르고 부드럽게 하기 위해서는 낮은 자세로 점프 스톱하는 것이 좋다.

레인 커트 ⑤

인원수	3명 이상
장소	골밑
레벨	중급

목표 점프 스톱으로 볼을 받았을 때 수비수가 가까이 있을 경우 활용할 수 있는 대응책이다. 수비수를 강하게 밀쳐서 공간을 만든 뒤 뒤쪽으로 힘차게 뛰어올라 페이드 어웨이 슛을 쏜다.

① 수비수가 있다고 생각하며 밀어낸다

어깨로 밀어내듯이

② 뒤쪽 다리로 중심을 옮기며 몸을 기울인다

③ 뒤쪽 다리로 뛰어오르며 슛을 쏜다

페이드 어웨이 슛

고&캐치

인원수	3명 이상
장소	하프 코트
레벨	초급

목표 패스를 받았을 때 기세 좋게 커버하러 온 수비수(헬프 수비)를 빠져나가는 연습이다. 수비수를 배치해서 실전에 가깝게 연습한다.

① 코치가 드리블하다가 A에게 패스를 한다

☑ **CHECK!** 코치는 A의 위치보다 조금 앞으로 패스하고 A는 그것을 받기 위해 움직인다.

② A는 공중에서 패스를 받고 왼쪽 다리로 착지한다

☑ **CHECK!** 상황에 따라 볼을 받음(볼 미트)과 동시에 수비를 빠져나갈 수도 있다.

③ 오른쪽 다리를 크게 앞으로 내디딘다

☑ **CHECK!** 왼쪽 다리로 바닥을 강하게 밀어 추진력을 얻는다.

④ 수비수를 단숨에 제치며 레이업 슛을 한다

☑ **CHECK!** 유로 스텝(메뉴 033) 등을 활용하며 다양하게 마무리한다.

MENU 048 공격 연습(하프 코트)

인원수	3명 이상
장소	하프 코트
레벨	초급

목표
공격수(이하 OF)는 전속력으로 골대 쪽으로 돌파하고, 수비수(이하 DF)는 OF를 막는다. 1 대 1 기술, 스피드, 움직임을 컨트롤하며 슛으로 연결하는 힘을 기른다.

코치에게 패스를 받아 1 대 1을 한다

하프 라인에 선다. OF가 먼저 전속력으로 달려 들어간다. 코치가 OF에게 패스하면 DF가 빠르게 달려 들어가 OF를 막는다. OF는 힘차게 드리블하면서 슛을 쏜다.

✓ **CHECK!**
OF는 빠르게 공격하면서도 DF를 잘 보고 판단하여 움직인다. 접촉(콘택트)을 두려워하지 말고 잘 마무리하자.

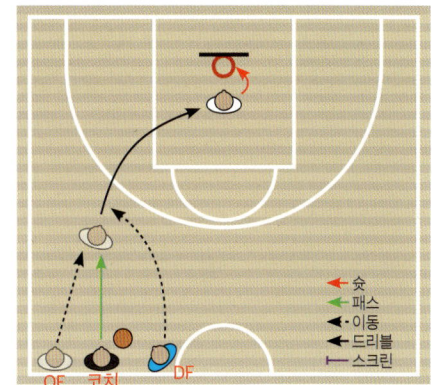

MENU 049 공격 연습(올 코트)

인원수	3명 이상
장소	코트 전체
레벨	초급

목표
메뉴 048의 응용편. 메뉴 048의 효과와 함께 빠른 움직임과 체력도 향상시킬 수 있다.

① 엔드 라인에서 전속력으로 드리블하며 1 대 1을 한다

공격수(이하 OF)는 엔드 라인에서 전속력으로 드리블하며 돌진한다. OF가 하프 라인을 넘으면 수비수(이하 DF)는 OF를 막으며 1 대 1을 한다.

② 상황이 끝나면 DF가 OF로 전환하여 1 대 1을 한다

①의 상황이 끝나면 DF는 OF로 전환하여 엔드 라인에서부터 드리블한다. 하프 라인을 넘으면 코트 옆에 있는 선수가 DF로 들어와 1 대 1을 한다. ①·②를 2∼3분 정도 반복힌디.

✓ **CHECK!**
OF의 공격 시간은 6~10초(중학생은 8~10초로 시작해서 실력 향상 정도에 따라 시간을 줄인다)로 설정하여 실제 경기처럼 연습한다.

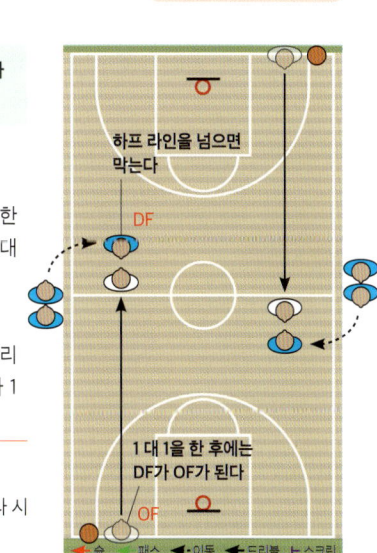

MENU 050 피드 연습

인원수	3명 이상
장소	하프 코트
레벨	초급

목표 3점 슛 라인과 자유투 라인 사이에서 주로 플레이하는 선수(윙)의 공격력을 높인다. 수비수(이하 DF)가 어떻게 막더라도 슛으로 연결할 수 있도록 턴, 드리블, 슛 기술을 모두 넣어서 연습 내용을 구성한다.

① 45도 각도에서 패스를 받아 프런트 턴해서 림을 정면으로 바라본다

A는 엔드 라인에서 윙(45도)으로 뛰어나오고 B는 A에게 패스를 보낸다. A는 패스를 받은 다음 프런트 턴해서 림을 정면으로 바라본다.

☑ CHECK!

A는 DF를 제압하고 손으로 패스를 받고 싶은 장소를 가리키며(타깃 핸드) 날카롭고 재빠르게 외각으로 뛰어나간다.

② A는 DF의 위치를 파악하고 드리블해서 레이업 슛을 쏜다

A는 자신과 골대를 잇는 가공의 라인을 설정하고, DF가 선 밖에 있으면 곧장 드라이브해서 레이업 슛을 쏜다.

☑ CHECK!

볼을 잡기 전부터 DF와의 거리와 포지션을 확인하는 습관을 들인다. 볼을 받으면 상황에 맞춰 플레이한다.

조언

이 메뉴는 DF의 대응에 따라 다양한 패턴으로 할 수 있다.

① DF가 ②에서 말한 라인의 안쪽에 있는 경우
　DF와 반대 방향으로 드라이브
　→파워 레이업 슛(메뉴 040)
② DF와 거리가 멀리 떨어진 경우
　그 자리에서 점프 슛을 쏜다.
③ DF가 바짝 붙어서 막는 경우
　리버스 턴→드라이브→백 슛(메뉴 035)
④ DF가 리버스 턴에 대응하는 경우
　록 모션(앞뒤로 흔드는 움직임과 동시에 다리를 사용해 페이크하는 것)→드라이브→슛
⑤ 헬프 DF가 온 경우
　록 모션→스핀 턴(상대를 등진 상태에서 한 발을 축으로 돌면서 빠져나간다)→슛

프레셔 슈팅

인원수	3명 이상
장소	골밑
레벨	초급

목표 수비수의 압박을 받는 상태에서도 냉정하게 득점하는 힘을 기른다. 2분 동안 실시하며 연속으로 더욱 많은 득점을 낸 선수가 이긴다.

① B는 A에게 패스하고 A는 슛을 한다

② B는 슛 체크를 한다※

③ A의 슛이 실패하면 A와 B는 역할을 교대한다

☑ **CHECK!**

슈터는 드리블을 한 번만 허용한다. 수비수를 잘 보고 드리블이나 페이크 동작을 넣어 성공률이 높은 슛을 쏜다.

※슛을 던지려고 하는 사람에게 손을 높이 들어 올려서 압박하는 움직임.

55초간 슈팅

인원수	3명 이상
장소	하프 코트
레벨	초급

목표 3명이 볼 2개로 연습(슛을 던지는 사람: A, 패스하는 사람: B, 리바운드를 잡는 사람: C)한다. 코너와 엘보 사이를 움직이며 55초 동안 슛+5초 사이에 서로 역할 바꾸기를 3번 반복한다.

A는 코너 ➜ 엘보 사이를 움직이면서 슛을 쏜다

A는 코너에서 엘보로 올라와 B에게 패스를 받아서 슛을 쏜 다음, 다시 코너로 돌아가서 B에게 패스를 받아 슛을 쏜다. 이것을 55초 동안 실시하고 이후에는 A, B, C 역할을 바꾸는 방식으로 하여 총 3번 반복한다.

☑ **CHECK!**

미들 슛이나 3점 슛 연습에도 좋은 메뉴다. 연습을 반복해 득점률을 높여보자. 실전 경기에 가까울 정도로 힘든 훈련이므로 서로 격려하며 기운을 북돋아준다.

5분간 슈팅

인원수	2명 이상
장소	하프 코트
레벨	초급

목표 한 명은 3점 슛을 쏘고 다른 한 명은 리바운드를 잡아서 볼을 패스한다. 센터나 키가 큰 선수와 함께 연습하자. 중학생은 40개, 고등학생은 45개를 목표로 삼는다.

2인 1조로 3점 슛 연습을 5분 동안 진행한다

아래 ①~③을 한 세트로 5분 동안 몇 골을 성공했는지 기록한다.

① 3점 슛을 2번 연속으로 쏜다
② 오른손으로 원 드리블한 후 3점 슛을 쏜다
③ 왼손으로 원 드리블한 후 3점 슛을 쏜다

두 번 드리블하거나 3점 슛 라인에서 1m 이상 떨어져서 슛을 던지는 등 조건을 바꿔도 된다. 수준에 맞춰서 성공 개수를 설정하면 선수의 의욕도 올라간다. 대학 톱 플레이어는 5분간 50개 이상의 성공을 목표로 연습한다.

4볼 슈팅

인원수	3명 이상
장소	하프 코트
레벨	초급

목표 달려가서 볼을 받고 점프 슛하는 간단한 연습이지만, '5분 안에 8개 연속으로 성공하기' 같은 목표를 세우면 마지막까지 집중력을 유지할 수 있다.

림 정면으로 달려가서 볼을 받고 점프 슛을 쏜다

A는 V자로 방향을 전환해(V커트) 림 정면으로 달려간 다음 B에게 패스를 받아서 점프 슛한다. 이후 A는 B 줄 끝으로 가서 선다. B는 V커트해 림 정면으로 달려간 다음 C에게 패스를 받아서 점프 슛한다. 이후 B는 C 줄 끝에 선다. 이 과정을 반복한다.

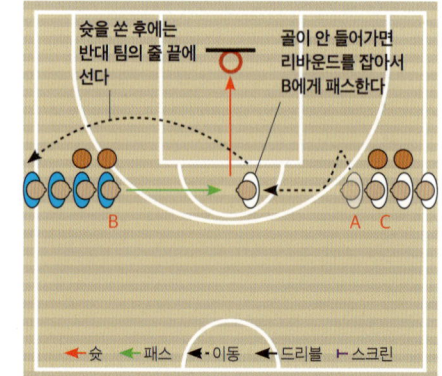

목표치나 페널티(팔굽혀펴기 등)를 도입하면 집중력을 유지하며 연습할 수 있다.

고난도 슈팅

인원수	2명 이상
장소	하프 코트
레벨	초급

목표 2인 1조로 팀을 만들어 슛 경쟁을 한다. 전력 질주로 다리 힘을 기르고 팀 동료와 경쟁하면서 즐겁게 연습한다. 다리를 뒤쪽으로 움직이는 동작(스텝 백)이나 3점 슛도 연습한다.

페인트 존 밖에서 A가 점프 슛을 쏜다

슛이 성공하면 A는 볼을 주워서, 3점 슛 라인 안에서 대기하는 B에게 패스한다. 그다음 B가 슛을 쏜다. A는 3점 슛 라인 안에서 대기한다. 먼저 10골을 성공하는 팀이 이긴다.

[A의 슛이 실패하는 경우]
볼 줍기→패스→하프 라인까지 전력 질주

A는 실패한 볼을 주워서 B에게 패스하고 하프 라인까지 전속력으로 뛰어갔다가 돌아온다. 그 사이에 B는 슛을 던지고, 성공하면 다시 A에게 볼을 패스하며 슛을 이어간다.

녹 아웃 슈팅

인원수	4명 이상
장소	골밑
레벨	초급

목표 슛과 리바운드 기술을 즐겁게 갈고닦는다. 뒷사람에게 밀리지 않고 슛을 성공시키며 최종 1인이 되는 것을 목표로 한다. 3점 슛으로 바꾸면 더욱 난도가 올라간다.

자유투 라인에 줄을 선다. 슛을 계속 성공시키며 마지막 남는 1인이 승리한다

A와 B가 볼을 잡는다. A가 슛을 쏘면 곧바로 B도 슛을 쏜다. A가 성공하면 C에게 패스한다. 슛이 실패해도 B보다 먼저 리바운드를 잡아서 슛을 성공시키면 줄에 남는다. 반면, B가 먼저 슛을 성공하면 A는 지게 되며 줄에서 빠진다. 이 과정을 반복하며 마지막에 남은 1명이 승자가 된다.

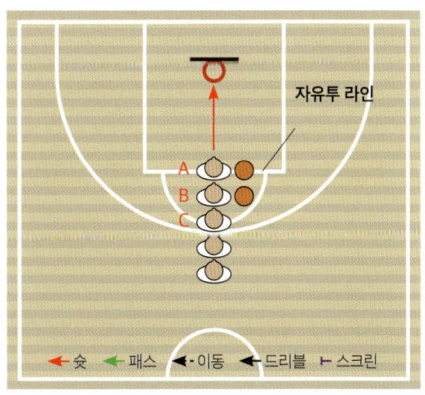

MENU 057	자유투 10	인원수 3명 이상 장소 코트 전체 레벨 초급

목표 자유투 성공률을 높이는 훈련이다. 휴식 전이나 연습을 마무리할 때 실시하면 좋다.

1. 코치에게 지명받은 선수가 자유투를 하나 던진다

팀 동료에게 받는 압박감에 지지 않고 차분하게 자유투를 성공시킨다.

2. 자유투에 실패하면 다 함께 코트 전체를 왕복 달리기한다

왕복 달리기를 10초 안에 하기 등 목표 시간을 설정하는 것이 좋다. 전력 질주한 후에는 다른 선수를 지명하고 슛이 들어갈 때까지 계속한다.

← 슛   ← 패스   ← 이동   ← 드리블   ⊢ 스크린

COLUMN

실패를 자양분 삼아 한 연습은 결과로 이어진다

필자는 현역 선수 시절 자유투에 실패하는 바람에 국가대표 경기에서 진 적이 있다. 분한 마음에서 벗어나기 위해 이후 자유투 연습에 전념했는데, 그때 '먼저 림을 노려본다. 두 번 드리블하고 크게 숨을 내쉰 다음 마음을 비우고 자유투를 던진다'라는 루틴을 만들었다. 그리고 자유투를 10번 연속으로 성공할 때까지 이 루틴을 반복했다. 10번 넘게 성공한 다음에는 자유투를 계속 던지며 그날 최고의 연속 성공률에 도전했다. 일본 프로

농구 선수 시절에는 100번 연속 성공을 목표로 했다. 어느 날 87골을 연속으로 성공했을 때 체육관 관리인에게 "리쿠 씨, 이제 체육관 문을 닫아야 하니까 서둘러 주세요."라는 말을 듣고 88번째 슛을 실패했다. 흔들리지 않는 정신력을 유지하려면 아직 한참 멀었다고 생각했지만, 이 훈련 덕분에 일본 리그에서 2회 연속 자유투왕(89%, 93%) 상을 받았다. 연습은 배신하지 않는다. 독자 여러분도 이 말을 꼭 명심하길 바란다.

제 **2** 장

기본 스킬

패스 · 포스트 · 리바운드 · 수비

패스·포스트·리바운드·수비는 경기 흐름을 좌우하는 중요한 플레이다.
다양한 테크닉을 제대로 익혀보자.

MENU 058 · 패스 — 체스트 패스

인원수	2명
장소	제한 없음
레벨	초급

① 가슴 앞에서 볼을 양손으로 잡는다

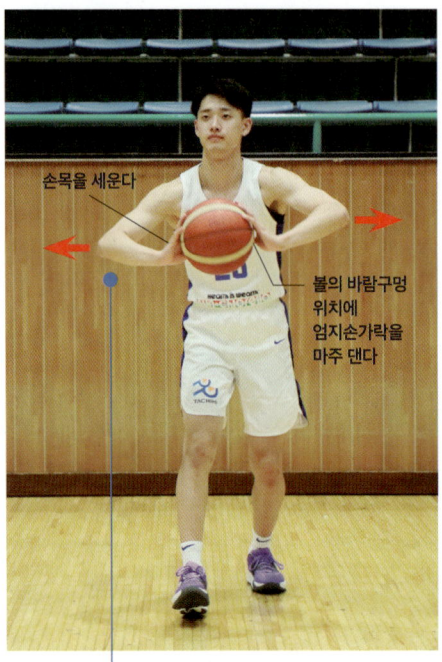

- 손목을 세운다
- 볼의 바람구멍 위치에 엄지손가락을 마주 댄다

② 앞으로 한 걸음 내디디며 백스핀을 걸어서 볼을 밀어낸다

✅ **CHECK!**
백스핀이 걸리기 쉽게 팔꿈치를 옆으로 크게 벌린다. 시선은 손이 아니라 패스를 받는 동료(리시버)를 향한다.

✅ **CHECK!**
리시버의 가슴에 직선 궤도로 패스를 건넨다. 볼을 던진 후에 손이 옆으로 열린 상태가 되면 스핀이 잘 걸린 것이다.

가슴에서 두 손으로 볼을 밀어내는 패스의 기본 기술이다. 두 손을 사용해서 패스하면 볼 궤도를 컨트롤하기 쉽고 패스의 정확성도 높다. 두 손의 힘을 균일하게 사용하고 손목 스냅을 이용해서 강하게 백스핀을 걸면 정교함이 더 높아진다. 단, 몸 정면에서만 할 수 있다는 점과 준비 동작부터 볼을 던질 때까지 시간이 걸린다는 점이 단점이다. 따라서 수비수와 거리가 떨어져 있고 여유 있게 패스할 수 있을 때 사용한다.

3 정확한 자세를 익히기 위해 팔로우스루도 마지막까지 의식한다

체중을 앞발에 싣는다

조언
리시버는 볼을 캐치한 후에 바로 다음 플레이를 할 수 있게 낮은 자세를 취하고, 손으로 패스를 받고 싶은 위치를 표시(타깃 핸드)하고 기다린다.

✓ CHECK!
양쪽 검지손가락이 리시버를 향하고 있는지, 패스를 건넨 후의 움직임(팔로우스루)을 확인한다.

패스를 건네는 사람과 받는 사람이 서로 소통하면서 플레이하는 것이 중요하다.

패스

바운드 패스

인원수	2명
장소	제한 없음
레벨	초급

목표 키가 큰 선수(빅맨)가 지키고 있는, 페인트 존 안으로 패스를 넣을 때 사용한다. 좁은 공간으로 패스를 보내거나 수비수가 압박할 때도 사용할 수 있다.

고개를 들고 손가락 끝이 바닥을 향하도록 볼을 던진다

☑ CHECK!

중간보다 앞쪽에 볼을 바운드시키면 크게 튀어올라서 리시버가 캐치하기 힘들어지니 약간 뒤쪽(리시버 쪽으로)에 바운드시킨다.

패스

원 핸드 포켓 패스

인원수	2명
장소	제한 없음
레벨	초급

목표 바운드 패스(메뉴 059)의 응용 기술. 작은 동작으로 패스를 건넬 수 있어서 수비수가 가까이 있을 때 활용하기 좋다.

① 허리 옆쪽에 볼을 세팅한다   ② 대각선 앞으로 크게 발을 내디딘다   ③ 한 손으로 바운드 패스를 한다

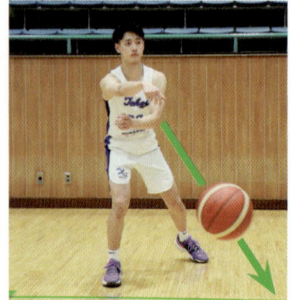

원 드리블 스핀 패스

인원수	2명
장소	제한 없음
레벨	초급

목표 페이크와 드리블을 활용해서 수비수와 거리를 넓히고 안전하게 패스를 보낸다. 패스할 때는 동료가 받기 편한 위치로 볼을 보내자.

1 진행 방향과 반대쪽으로 페이크 동작을 넣는다

진행 방향

2 재빨리 체중을 옮겨서 원 드리블한다

3 한 손으로 바운드 패스를 한다

원 드리블 리버스 스핀 패스

인원수	2명
장소	제한 없음
레벨	초급

목표 반대쪽으로 공격할듯이 속인 다음 재빨리 뒤돌아서 패스한다. 수비수를 끌어들인 다음 제치기 때문에 안전하게 패스할 수 있다.

1 진행 방향과 반대쪽으로 원 드리블한다

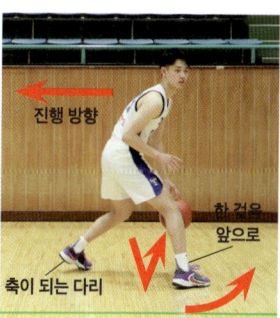

진행 방향

축이 되는 다리

한 걸음 앞으로

2 뒷다리를 축으로 리버스 턴한다

축이 되는 다리

3 볼을 다른 손으로 바꿔 잡고 패스를 건넨다

축이 되는 다리

크게 내디딘다

MENU 063 〔패스〕

오버 헤드 패스

인원수	2명
장소	제한 없음
레벨	초급

목표 수비수의 신경이 낮은 위치를 향하고 있을 때나 멀리 패스하고 싶을 때 사용한다. 패스할 때 동작을 너무 크게 하면 자세가 무너져 정확도가 떨어질 수 있으니 주의하자.

① 손목에 가볍게 반동을 줘서 볼을 잡는다

② 손목 스냅을 이용해서 패스한다

☑ **CHECK!**
양쪽 검지손가락이 리시버를 향하고 있는지, 패스를 건낸 후의 움직임(팔로우스루)을 확인한다.

MENU 064 〔패스〕

원 핸드 푸시 패스

인원수	2명
장소	제한 없음
레벨	초급

목표 수비수가 가까이 있어서 체스트 패스(메뉴 058)를 하기 힘들 때 효과적인 패스다. 리시버의 가슴에서 허리 사이에 볼이 전달되는 것을 노리며 직선으로 패스한다.

① 다리를 대각선 앞으로 내밀고 볼을 어깨높이로 올린다

② 팔꿈치를 펴서 볼을 밀어낸다

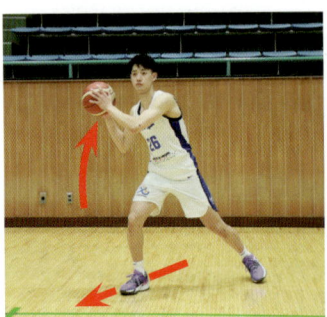

팔꿈치부터 밀어낸다

☑ **CHECK!**
볼을 어깨 높이에서 직선으로 밀어낸다. 팔꿈치로 밀어내는 힘과 손목 스냅이 패스의 강도를 결정한다. 패스하기 힘든 상황이라면 커버 핸드※와 함께 패스 페이크를 연출한다.

※볼을 수비가 터치하지 못하도록 팔로 막는 것.

베이스볼 패스

패스

인원수	2명
장소	제한 없음
레벨	초급

목표 스로인이나 경기 종료 직전, 24초룰(샷 클럭)로 인해 공격 시간이 얼마 남지 않았을 경우, 멀리 패스할 때 사용한다. 어깨를 다치기 쉬우므로 연습 시간을 너무 길게 하지 않는다.

 어깨부터 팔을 휘두른다

 어깨, 팔꿈치, 손목을 사용해 던진다

☑ **CHECK!** 패스가 포물선을 그리도록 하고, 연습하면서 조금씩 거리를 늘린다.

훅 패스

패스

인원수	2명
장소	제한 없음
레벨	초급

목표 수비수가 가까이 있을 때 효과적인 패스다. 훅 슛(메뉴 038)과 같은 방법으로 볼이 전혀 보이지 않는 상태에서 구사해야 하므로 손목과 손끝의 감각이 굉장히 중요하다.

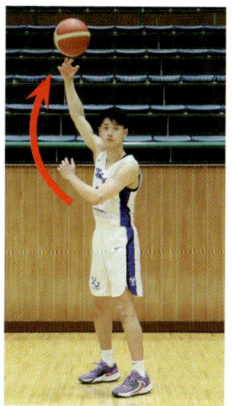

 수비수가 가까이 있다고 가정하고 몸을 옆으로 돌려 볼을 지킨다

 반원을 그리듯이 팔을 들어 올리며 패스한다

☑ **CHECK!** 최고점에 도달하면 손목 스냅을 활용해서 볼에서 손을 뗀다. 수비수에게 커트 당하지 않을 높이로 패스한다.

 패스

드리블 패스 연습

인원수	2명
장소	제한 없음
레벨	초급

목표 드리블하며 패스를 자연스럽게 연결하는 동작을 익힌다. 드리블한 후에 원 핸드 푸시 패스(메뉴 064)를 건네면 파트너가 두 손으로 받고, 드리블한 후에 원 핸드 푸시 패스를 건네는 방식으로 연습한다.※

① 원 드리블한다

② 원 핸드 푸시 패스를 한다

☑ **CHECK!**

드리블과 패스 사이에 프런트 체인지(메뉴 010), 프런트 체인지와 레그 스루(메뉴 011), 프런트 체인지·레그 스루·비하인드 백(메뉴 013)을 각각 추가하며 연습한다.

※익숙해지면 2명이 동시에 패스를 주고받는 것에도 도전한다.

 패스

페이크 패스 연습

인원수	2명
장소	제한 없음
레벨	초급

목표 앞서 소개한 패스 기술을 활용하여 볼을 주고받는 연습이다. 익숙해지면 드리블을 추가하는 등 다양한 패턴을 만들어도 좋다.

5~6m 거리를 두고 페이크를 섞어가면서
패스 주고받기를 실시한다

☑ **CHECK!**

수비수가 있는 상태를 염두에 두고 온몸을 사용해 크고 빠르게 페이크 동작을 넣기도 한다. 패스 하나하나 집중해서 실시하자.

인원수	3명 이상
장소	하프 코트
레벨	초급

MENU 069 (패스)
2 대 1 패스 연습①

목표 페이크, 원 드리블, 피벗 턴을 사용하지 않고 집요하게 압박해오는 수비수를 피해 파트너에게 패스한다. 시합을 대비해 24초(24초룰)×2~3세트를 기본으로 실시한다.

  연습이 시작되면 수비수는 A를 압박한다

☑ **CHECK!**
수비수는 볼을 잘 보고 두 팔로 감싸듯이 수비한다.

② A와 B는 수비수를 피해 패스를 주고받는다

☑ **CHECK!**
B에게 패스가 가면 수비수는 재빨리 뒤돌아서 B를 마크하러 간다.

인원수	3명 이상
장소	하프 코트
레벨	초급

MENU 070 (패스)
2 대 1 패스 연습②

목표 메뉴 069를 수비수가 밀착 방어하는 상태에서 실시한다(세트 설정은 같다). 패스하는 입장에서는 자기 공간을 확보하는 힘과 패스 능력을 기를 수 있고, 수비하는 입장에서는 수비 실력을 향상시킬 수 있다.

 A는 수비수를 밀친 후 뒤로 물러나며 공간을 확보한다

☑ **CHECK!** 수비수는 밀착 방어하고 A는 어깨와 발(스텝)을 이용해 수비수를 조금씩 밀어낸다.

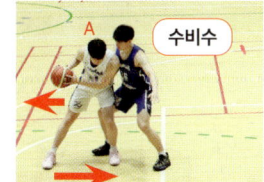 

 A는 패스 페이크 동작을 하며 긴 니편에 있는 B에게 패스한다

☑ **CHECK!** 수비수를 피해 바운드 패스(메뉴 059)를 성공시킨다.

MENU 071 〔패스〕

2 대 2 프레셔 패스 연습

인원수 3명 이상
장소 하프 코트
레벨 초급

목표 수비수가 밀착 방어하는 상태에서 페이크, 피벗 턴, 드리블을 활용하여 패스를 성공시킨다. 시합에 대비해 14초 또는 24초(14초룰, 24초룰)를 1세트로 설정하고, 2~3세트를 기본적으로 실시한다.

하프 코트를 세로로 반을 나눈 다음 한 면에서만 A와 B가 볼을
서로 주고받는다(드리블은 두 번까지만 허용)

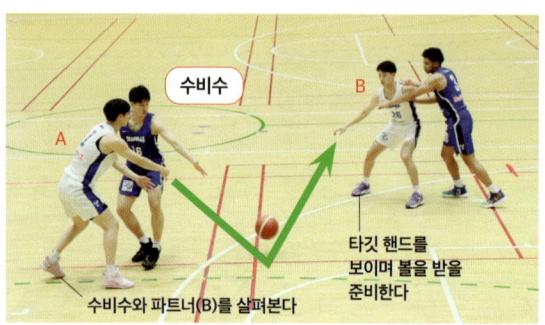

MENU 072 〔패스〕

3 대 3 더블 팀 패스 연습

인원수 3명 이상
장소 하프 코트
레벨 중급

목표 공격수 1명에게 수비수가 2명 붙는 방어법(더블 팀)을 공략해서 패스하는 기술을 습득하고 감각을 기른다. 드리블, 페이크 같은 기술을 활용해서 볼을 돌린다(세트 설정은 메뉴 071과 같다).

A~C 3명이서 패스를 돌린다. 수비수는 볼맨에게 더블 팀 수비를
계속 건다

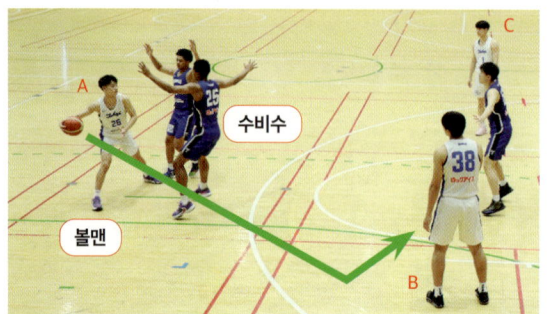

☑ CHECK!

센터 서클 정도의 공간에서 실시한다. 수비수 2명에게 압박을 받을 때는 고개를 똑바로 들고 상황을 살펴본 다음 패스하는 것이 중요하다. 수비하는 입장에서는 파트너와 호흡을 맞춰 수비하는 연습도 된다.

인원수	3명 이상
장소	하프 코트
레벨	중급

MENU 073 (패스) 5 대 4 패스 연습

목표 패스 기술과 코트 전체를 파악하는 힘(코트 비전)을 갈고닦는다. 페인트 존으로 패스를 넣는 능력과 존 디펜스 공략법을 습득할 수 있다(세트 설정은 메뉴 071과 같다).

수비수의 움직임을 보면서 A~E끼리 패스를 10번 돌린다(커트 당한 회수만큼 푸시업)

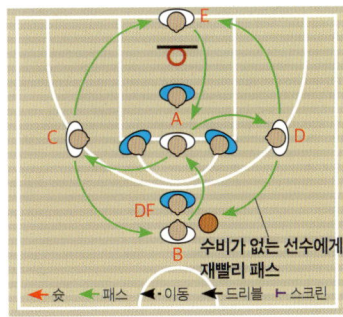

인원수	2명
장소	골밑
레벨	초급

MENU 074 (포스트) 포스트 플레이 기본 자세 (실드)

목표 페인트 존에서 안전하게 패스를 받기 위해 상대 수비수를 제압하는 기본 자세다. 센터가 갖춰야 할 필수 기술이지만 골대에서 먼 위치(아웃사이드)의 선수도 미스매치※ 상황이 발생하면 자세를 취할 수 있어야 한다.

안쪽 발을 페인트 존 안에 넣고 낮은 자세를 취하며 타깃 핸드를 내민다

☑ **CHECK!**

타깃 핸드는 가능한 수비수로부터 멀리 떨어진 곳으로 뻗는다. 수비수의 다리를 넓적다리로 제압해서 생각대로 막을 수 없게 한다.

※체격이나 스피드 차이가 많이 나서 불리한 상황에 놓이는 것.

MENU 075	포스트

포스트 무브(인사이드 풋①)

인원수	3명 이상
장소	골밑
레벨	초급

목표 골밑에서의 포스트 무브. 골대에서 가까운 쪽 다리(인사이드 풋)를 축으로 턴해서 골대를 정면으로 본 다음 득점하는 패턴이다. 수비수의 반응과 위치를 잘 파악한 후에 플레이를 선택한다.

① A는 수비수를 제압하는 자세를 취하고 패스를 받는다

② 프런트 턴해서 점프 슛을 쏜다

✓ CHECK!
프런트 턴했을 때 수비수의 반응을 잘 살펴보는 것이 중요한 포인트다. 수비수가 슛을 전혀 경계하지 않고 손을 올리지 않는다면 과감하게 슛을 쏜다.

MENU 076	포스트

포스트 무브(인사이드 풋②)

인원수	3명 이상
장소	골밑
레벨	초급

목표 메뉴 075에서 프런트 턴을 했을 때 수비수가 경계하며 손을 올렸을 경우 득점하는 패턴이다. 슛 페이크로 수비수가 점프하도록 만든 다음 힘차게 파워 레이업 슛(메뉴 040)을 쏜다.

① A는 프런트 턴 → 슛 페이크

② 골대를 향해 두 손으로 원 드리블한다

③ 두 발로 착지하며 슛을 쏜다

MENU 077 　포스트　포스트 무브(인사이드 풋③)

인원수	3명 이상
장소	골밑
레벨	초급

목표 메뉴 076에서 수비수가 슛 페이크에 반응하지 않았을 경우에는 드리블로 골밑을 강행 돌파할 듯이 속이고, 드리블과 동시에 다리를 뒤로 디뎌서(드롭 스텝) 수비수를 제친 후 마무리한다.

① A는 골대를 향해 원 드리블한다

② 골대를 등지고 드롭 스텝을 한다

다리 사이의 간격을 넓힌다

③ 리버스 턴해서 점프 슛을 쏜다

MENU 078 　포스트　포스트 무브(인사이드 풋④)

인원수	3명 이상
장소	골밑
레벨	초급

목표 메뉴 077의 드롭 스텝에 수비수가 대응한다면 다시 프런트 턴해서 페이드 어웨이 슛(메뉴 037)을 쏜다. '농구의 신' 마이클 조던의 트레이드 마크다.

① A는 원 드리블한 후 드롭 스텝을 한다

수비수가 따라오게 한다

다리 사이의 간격을 넓힌다

② 프런트 턴해서 페이드 어웨이 슛을 쏜다

✅ CHECK!
드롭 스텝에 대한 수비수의 반응 여부를 순간적으로 판단한 다음 빠르게 다음 플레이를 선택해야 수비수를 제칠 수 있다.

MENU 079 포스트

포스트 무브 (아웃사이드 풋①)

인원수	3명 이상
장소	골밑
레벨	초급

목표 골대에서 먼 쪽의 다리(아웃사이드 풋)를 축으로 삼아서 림을 정면으로 바라보고 득점하는 패턴이다. 수비수가 장신일 경우에는 이처럼 조금 떨어진 거리에서 슛을 쏘는 방법을 선택한다.

① A는 수비수를 제압하는 자세를 취하며 패스를 받는다

수비수 / A / 코치에게 받은 패스 / 축이 되는 다리

② 리버스 턴하고 점프 스텝※을 밟는다

축이 되는 다리 / 프리 풋

③ 점프 슛을 쏜다

※프리 풋을 전후좌우로 움직이는 것

MENU 080 포스트

포스트 무브 (아웃사이드 풋②)

인원수	3명 이상
장소	골밑
레벨	초급

목표 메뉴 079에서 수비수가 점프 스텝에 대응할 경우 득점하는 패턴이다. 드리블할 때는 가능한 외각으로 돌아 나가지 말고 직선으로 나가 파울을 노린다.

① A는 원 드리블로 단숨에 빠져나간다

② 드롭 스텝 → 두 다리로 착지

③ 점프 훅 슛을 쏜다

인원수	3명 이상
장소	골밑
레벨	초급

MENU 081 포스트

포스트 무브(아웃사이드 풋③)

목표 메뉴 080에서 단숨에 빠져나가기 어려울 경우에는 프리 풋을 조금 앞에 내디딘 후에 다시 크게 내디디거나(록 모션), 체인지 오브 페이스(메뉴 016)를 반복하며 공격한다.

1 A는 앤드 라인 쪽으로 점프 스텝을 밟는다

프리 풋 / 축이 되는 다리

2 안쪽에 다리를 넣고 날카롭게 드리블한다

바깥쪽 → 안쪽으로 리듬을 바꾼다

3 러닝 훅 슛을 쏜다

인원수	3명 이상
장소	골밑
레벨	초급

MENU 082 포스트

포스트 무브(아웃사이드 풋④)

목표 메뉴 081에서 록 모션에 수비수가 대응할 경우 득점하는 패턴이다. 크게 감싸듯이 막는 수비수의 빈틈을 놓치지 않고 앤드 라인 쪽을 공략한다.

1 A는 바깥쪽 다리를 축으로 삼아 프런트 턴한다

축이 되는 다리

2 다시 프런트 턴을 한 후 드리블하여 골밑으로 돌파한다

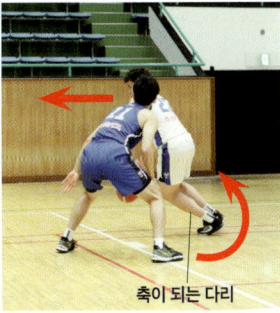

축이 되는 다리

3 백 슛을 쏜다

MENU 083 · 포스트

스핀 무브

인원수	2명
장소	골밑
레벨	초급

목표 수비수가 강하게 밀면서 방어할 때 사용하는 기술이다. 강하게 수비수를 밀치다가 재빠르게 턴한다.

1 점프 스톱으로 패스를 받는다

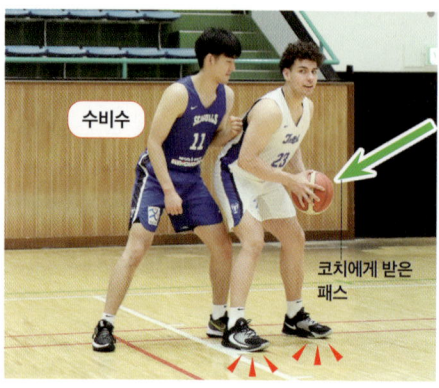

☑ **CHECK!** 수비수가 어느 쪽 손을 대고 있는지를 파악해 둔다.

2 엉덩이로 수비수를 밀친다

☑ **CHECK!** 확실하게 밀어야 수비수의 중심이 흔들린다.

3 등으로 수비수를 밀친다

☑ **CHECK!** 엉덩이에서 등으로 압력을 가해 수비수의 균형을 무너뜨린다. 너무 강하게 누르지 않도록 주의하자.

4 수비수가 손을 대고 있는 쪽으로 턴해서 드리블로 빠져나간다

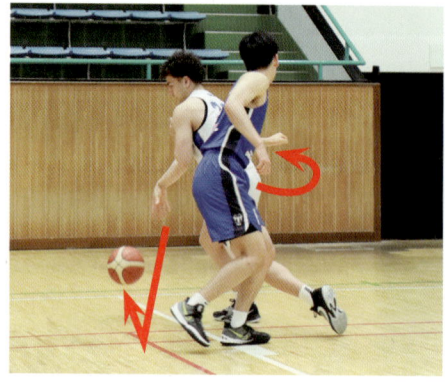

☑ **CHECK!** 수비수의 팔을 축으로 턴하면 작고 빠르게 턴할 수 있다.

| MENU 084 | 포스트 | **러닝 실드한 후 1 대 1** | 인원수 3명 이상
장소 골밑
레벨 초급 |

> **목표** 수비수에게 먼저 접촉(컨택트)하여 움직임을 막은 다음 패스를 받는 것으로, 보다 안전한 상태에서 슛을 쏠 수 있다. 접촉할 때는 너무 세게 부딪히지 않도록 주의한다.

① A는 골밑으로 달려가서 수비수에게 접촉한다

☑ **CHECK!**
무리하게 신체 접촉을 하면 파울(차징)을 받을 수 있으니 주의한다.

② A는 턴한 후에 밀착(실드)한 상태에서 패스를 요청한다

☑ **CHECK!**
수비수의 넓적다리를 엉덩이로 밀치면서 자유롭게 움직이지 못하게 한다.

③ 코치에게 패스를 받으면 어깨로 페이크 동작을 한다

☑ **CHECK!**
어깨와 등으로 수비수의 움직임을 감지하고 다음 플레이를 판단하는 것이 중요하다.

④ 페이크 후 반대 방향으로 턴해서 훅 슛을 쏜다

☑ **CHECK!**
턴하고 한 걸음 앞으로 내디딘 다음 슛을 쏘는 패턴도 있다.

| MENU 085 | (리바운드) **박스 아웃** | 인원수 2명
장소 골밑
레벨 초급 |

목표 상대와 리바운드 경쟁을 할 때 정면에서 접촉(컨택트)하여 골밑으로 진입하는 것을 막은 다음 페인트 존 밖으로 밀어내는 기술이다(박스 아웃).

① 리바운드하려고 하는 상대 선수를 주시한다

☑ **CHECK!** 상대 선수의 진행 방향을 예상하고 낮은 자세를 취해서 막을 준비를 한다.

② 팔을 가슴 앞에 교차시키고 골 밑으로 들어가려는 상대 선수를 정면에서 몸으로 막는다

☑ **CHECK!** 파울 선언을 받을 수 있으므로 팔과 상체는 절대로 앞으로 내밀지 말아야 한다.

③ 리버스 턴으로 골대를 바라보고 낮은 자세로 상대 선수를 밀어낸다

☑ **CHECK!** 등으로 상대의 움직임을 감지하고, 상대가 움직이려는 방향으로 집요하게 달라붙는다.

조언 엉덩이와 넓적다리를 사용해 상대의 움직임을 확실하게 막아내자. 너무 밀어내려다가 상체가 기울어지면 파울을 받을 수 있으므로 주의해야 한다.

MENU 086	리바운드	양손 리바운드	인원수 1명 장소 골밑 레벨 초급

목표 슛의 궤도를 읽고 베스트 포지션에서 볼을 캐치하는 감각을 기른다. 슛의 궤도가 몸에서 멀면 한 손 리바운드(메뉴 087)로 바꾼다.

① 볼의 낙하 지점을 예측하고 점프할 준비를 한다

② 두 다리로 점프해서 최고점에서 볼을 잡는다

③ 두 다리로 착지해 팔꿈치를 세우고 볼을 지킨다

팔을 뒤로 흔든다
확실하게 굽힌다

팔을 높이 뻗어서 낚아채는 것이 좋다

가슴 쪽에서 볼을 지킨다

MENU 087	리바운드	한 손 리바운드	인원수 1명 장소 골밑 레벨 초급

목표 볼이 예상 밖의 장소에 떨어지거나 베스트 포지션을 취할 수 없을 때는 한 손으로 리바운드를 실시한다. 볼을 잡으면 가능한 빠르게 팔꿈치를 굽히고 몸 가까이에 갖고 있는다.

① 점프해서 볼에 가까운 쪽 팔로 잡는다

② 볼을 재빨리 반대쪽 어깨 쪽으로 당겨서 두 손으로 잡는다

손가락 끝까지 펴서 볼을 잡는다

☑ **CHECK!**
손가락을 펼쳐서 볼 바깥쪽을 감싸듯이 잡고, 재빠르게 몸쪽으로 끌어당긴다. 볼 핸들링 스킬이 중요하다.

리바운드

서클 리바운드

인원수	2명
장소	센터 서클
레벨	초급

박스 아웃에 반드시 필요한 신체 접촉(보디 컨텍트) 감각을 기른다. 등의 감각을 익혀 볼을 빼앗으려는 상대를 집요하게 밀어내자.

센터 서클 가운데에 볼을 놓는다. A는 볼을 빼앗기 위해 서클 안으로 들어가고, B는 A를 막는다

조언

A는 서클을 한 방향으로 이동하면서 안으로 들어갈 기회를 엿보고 3초 안에 볼을 빼앗는 것을 목표로 한다. B는 손을 사용하지 않고 등으로만 A를 계속 밀어내면서 안으로 들어오려는 것을 막는다. 2번째는 반대 방향으로, 3번째는 방향에 상관없이 연습한다.

MENU 089 리바운드

1 대 1 박스 아웃

인원수	3명
장소	골밑
레벨	초급

공격수가 어느 방향으로 리바운드하러 와도 접촉(컨택트)해서 박스 아웃하는 움직임을 익힌다.

① 코치가 슛을 쏘면 A는 B의 오른쪽에서 리바운드, B는 A를 박스 아웃하고 리바운드한다

② 코치가 슛을 쏘면 A는 B의 왼쪽에서 리바운드, B는 A를 박스 아웃하고 리바운드한다

☑ **CHECK!**
3번째부터는 방향에 상관없이 실시한다. B가 총 3개의 리바운드를 잡을 때까지 연습한다.

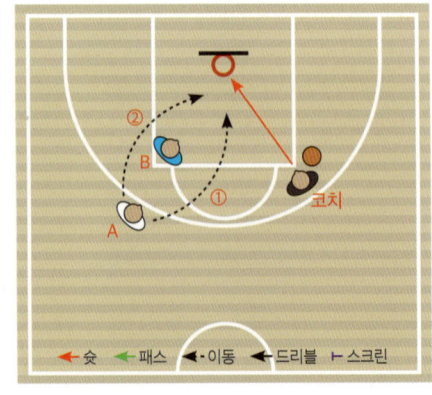

← 슛   ← 패스   ← 이동   ← 드리블   ⊢ 스크린

인원수	3명 이상
장소	골밑
레벨	초급

MENU 090 [리바운드] 자유투 크로스 리바운드

목표 A는 수비수(이하 DF) 1, B는 DF 2와 리바운드 경쟁하는 것이 일반적이지만, 일부러 반대로 움직여서 몸으로 방해(스크린, 메뉴 122 참고)하며 공격 리바운드※를 따낸다.

① C가 자유투를 던진다
리바운드 연습을 위해 일부러 슛을 실패한다.

② A는 DF 2, B는 DF 1을 스크린하며 리바운드를 잡는다
B가 리바운드에 강한 선수라는 가정하에 A는 DF 2의 움직임을 몸으로 막고(스크린), 공격 리바운드를 잡아서 두 번째 기회를 노린다.

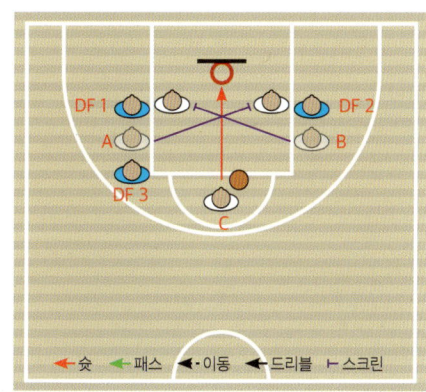

※공격 팀이 리바운드를 잡고 그대로 슛을 노리는 것.

인원수	3명 이상
장소	골밑
레벨	초급

MENU 091 [리바운드] 자유투 더블 박스 아웃

목표 강력한 빅맨이 있는 팀을 상대로 수비 리바운드※를 빼앗기 위해 사용하는 패턴이다. D는 페인트 존에 너무 빨리 들어가면 심판에게 주의를 받을 수 있으니 조심한다.

① 공격수(이하 OF) 3이 자유투를 던진다
리바운드 연습을 위해 일부러 슛을 실패한다.

② A와 C는 OF 1을, B는 OF 2를, D는 OF 3을 밀어내고(박스 아웃) 리바운드를 잡는다
OF 1을 빅맨이라 여기고, A와 C는 OF 1을 박스 아웃한다. D는 아 3이 자유투 던지는 것을 보고 나서 이동한다.

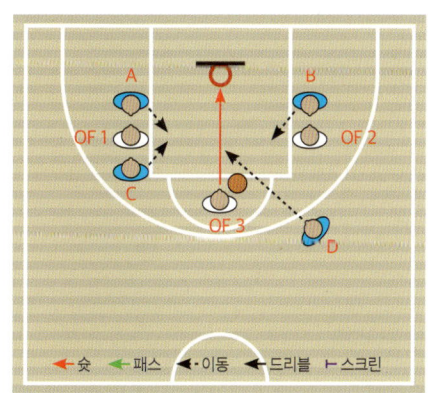

※수비 팀이 리바운드를 잡는 것.

 수비 기본 자세

인원수	1명
장소	제약 없음
레벨	초급

목표 전후좌우로 재빨리 움직일 수 있도록 엄지발가락 쪽 발볼(엄지발가락의 세 번째 마디 쪽에 볼록한 부분)에 체중을 싣고 낮은 자세를 취한다. 마크하는 상대(마크맨)의 움직임에 따라 재빠르게 방어법을 바꾼다.

① 무릎을 굽혀 자세를 낮추고 서서 두 손을 든다

어깨너비보다 조금 넓게 벌린다

엄지발가락 쪽 발볼에 체중을 싣는다

☑ **CHECK!** 상대의 어떤 움직임에도 바로 대응할 수 있는 기본 자세다.

② 한 손은 몸 옆쪽에 다른 한 손은 정면에서 조금 아래로 뻗는다

볼 라인에 맞춘다

볼맨과 패스를 받는 상대 선수 라인에 맞춘다

☑ **CHECK!** 드리블과 패스 양쪽에 압박을 가하는 자세다.

③ 공격수가 슛을 던지려고 할 때는 한 발을 반 발자국 앞으로 내딛고 한 손을 높이 든다

☑ **CHECK!** 재빨리 다음 동작에 반응할 수 있도록 팔을 너무 쭉 뻗지 않는다.

조언 수비할 때 무엇보다 중요한 것은 흔들리지 않는 정신력이다. 몸싸움을 두려워하지 말고 상대가 '질린다'고 생각할 정도로 압박하자.

| MENU 093 | 수비 | **스탠스&핸드 워크** | 인원수 2명
 장소 제약 없음
 레벨 초급 |

> **목표** 슛이나 피벗 자세를 취한 볼 소유자(볼맨)에게 반응하여 적당한 스탠스, 핸드 워크, 간격을 취한다. 자세를 바꿔도 허리 위치는 늘 일정하게 유지하도록 노력한다.

① 시작 포지션에 선다

☑ **CHECK!** 한 팔 정도(원 암) 간격을 두고, 한 손을 볼에 가까이 뻗는다.

② 손을 들어서 슛을 막는다

☑ **CHECK!** 낮은 자세를 유지한 채 한 손으로 볼 체크를 한다. 이때 팔을 쭉 뻗지 않도록 조심한다.

③ 발과 손을 사용해 드리블을 막는다

☑ **CHECK!** 마크맨의 발걸음에 맞춰 물러서며 한 팔 간격을 유지한다.

④ 중심을 낮추고 반대 방향으로 들어오는 드리블을 막는다

☑ **CHECK!** 중심이 뜨지 않으면 위아래로 흔들리지 않고, 스탠스를 유지하며 방향 전환을 할 수 있다.

인원수	3명 이상
장소	골밑
레벨	초급

MENU 094 클로즈 아웃
(수비)

목표 거리가 떨어져 있는 공격수를 압박해서 슛을 막을 때 활용하는 기술이다. 가까이 다가간 다음 손을 올리는 것이 아니라 전력 질주하면서 두 손을 올리는 것이 포인트다.

① 패스에 대비해서 빈 공간을 의식한다

☑ **CHECK!**
수비수는 공격수에게 가는 패스를 확인하면 즉각 움직인다.

② 수비수의 뒤에서 코치가 패스한다

☑ **CHECK!**
전력 질주하여 공격수를 체크하러 간다. 첫 발부터 전력으로 달리도록 움직인다.

③ 전력 질주하면서 두 손을 올린다

☑ **CHECK!**
달리는 속도가 감소하니 팔과 상체를 너무 쭉 뻗지 않도록 주의한다.

④ 거리가 좁혀지면 급정지하며 수비한다

☑ **CHECK!**
완전히 멈추지 않으면 파울이 되거나 드라이브로 수비가 뚫릴 수 있으니 주의한다.

인원수	2명
장소	골밑
레벨	초급

MENU 095 (수비) 슛 체크

목표 점프하며 상대의 슛을 방해한다. 파울의 위험이 크니 블록을 노리지 말고, 공격수의 슛 터치나 리듬이 틀어지게 하는 것에 주안점을 둔다.

① 전력 질주해서 간격을 좁힌다

② 급정지해서 슛 블럭을 준비한다

공격수 / 수비수

꽉!

두 다리로 점프하여 위로 뛰어오른다

인원수	2명
장소	골밑
레벨	초급

MENU 096 (수비) 범프

목표 몸싸움을 통해 공격수의 코스나 포지션 이동을 막는다. 상대와의 신체 접촉을 두려워하지 말고 정확한 자세로 수비하자.

① 한 팔을 구부리고 낮은 자세를 취하며 공격수의 진행 방향에서 기다린다

② 온몸을 사용해 움직임을 블록하여 공격수의 진행을 막는다

수비수 / 공격수 / 중심을 낮춘다

손을 뻗는다

☑ **CHECK!**
한쪽 손은 구부린 상태로 고정하고 반대쪽 손은 쭉 편다. 굽힌 팔을 움직이면 파울이 되니 조심하자.

MENU 097 (수비) 슬라이드 스텝

인원수	2명
장소	골밑
레벨	초급

목표 수비할 때 기본이 되는 풋워크다. 바닥을 미끄러지듯이 발을 움직이는 것으로 공격수의 갑작스러운 방향 전환이나 스피드 업에 대응하기 좋다.

1 기본 자세로 상대를 마크한다

✓ **CHECK!** 기본 자세(메뉴 092)로 마크한다. 간격은 한 팔 정도 유지한다.

2 상대의 드리블 진행 방향으로 크게 발을 내디딘다

✓ **CHECK!** 중심을 낮게 유지한 채 발만 크게 내디딘다.

3 내디딘 다리로 무게 중심을 이동하고 반대쪽 다리는 미끄러지듯이 가져온다

✓ **CHECK!** 지면을 강하게 차면서 그 추진력을 이용해 반대쪽 다리를 재빨리 가져오는 느낌으로 움직인다.

4 반대쪽 다리를 가져온 다음 다시 크게 발을 내디딘다

✓ **CHECK!** 가져온 다리의 착지부터 내딛는 다리의 착지까지의 시간이 짧을수록 좋다.

MENU 098 〔수비〕 크로스 스텝

인원수	1명
장소	골밑
레벨	초급

목표 마크하는 상대가 갑자기 속도를 올려서 슬라이드 스텝(메뉴 097)으로는 막아내기 힘들 때 사용한다. 따라잡은 다음에는 다시 슬라이드 스텝으로 전환한다.

① 공격수의 진행 방향과 같은 방향으로 몸을 돌린다

② 다리를 교차하며 속도를 높인다

③ 따라잡은 다음에는 슬라이드 스텝으로 바꾼다

MENU 099 〔수비〕 백 페달

인원수	1명
장소	골밑
레벨	초급

목표 픽&롤(메뉴 127) 수비 등에 사용한다. 자전거 페달을 반대로 밟듯이 낮은 자세를 유지한 채 뒤로 물러난다. 빅맨에게는 반드시 필요한 기술이다.

① 한쪽 다리를 뒤로 내디딘다

중심을 낮춘다

② 반대쪽 다리도 뒤로 내디딘다

팔을 펼친다

☑ **CHECK!**
낮은 자세를 유지하고, 시선은 앞쪽을 넓게 본다. 손을 가볍게 펼치고, 바로 뻗을 수 있게 준비하면서 자연스럽게 뒤로 물러난다.

인원수	2명
장소	코트 전체
레벨	초급

MENU 100 (수비) 1 대 1 컨택트 지그재그

목표 파워 있는 선수에게 밀리지 않고 수비하는 연습이다. 공격수는 코트 전체를 세로로 반 나눈 공간에서 70% 정도의 속도로 드리블한다. 수비수는 공격수를 밀착 방어한다.

① 대각선 앞으로 진행하는 공격수를 밀치면서 따라간다

☑ **CHECK!** 팔을 뻗어 공격수를 밀치면서 슬라이드 스텝으로 따라간다.

② 사이드 라인 근처에서 공격수가 스핀 턴한다

☑ **CHECK!** 이때도 간격을 좁히며 압박한다.

③ 반대쪽 대각선 앞으로 이동하는 공격수를 계속해서 막는다

☑ **CHECK!** 상대에게 밀려도 정확한 스탠스와 균형을 유지하며 끈질기게 막는다.

☑ **CHECK!**

코트 전체를 세로로 반 나눈 공간에서 지그재그로 움직인다.

		인원수	2명
MENU 101	수비	장소	코트 전체
	1 대 1 스톱&범프	레벨	초급

목표 메뉴 100의 다른 패턴. 지그재그 동작을 피벗과 공격수의 강한 몸싸움으로 바꿔서 연습한다. 볼이 멈췄을 때와 공격수가 강하게 부딪혀 왔을 때 막는 연습을 조합한 메뉴다.

1 처음 방향 전환을 할 때 공격수가 3번 피벗을 밟는다

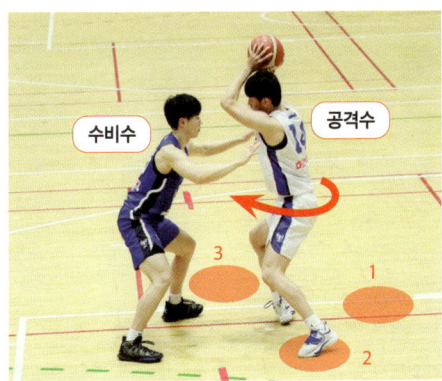

CHECK! 수비는 한 팔 간격을 유지하며 피벗에 대응한다.

2 다시 대각선으로 이동하며 수비수를 강하게 밀친다

CHECK! 팔을 사용해서 강하게 밀어도 되지만 다치지 않게 힘 조절에 주의한다.

3 수비수는 두 다리로 가볍게 점프해서 힘을 분산시킨다

CHECK! 넘어지거나 상체가 뒤로 젖혀지지 않도록 코어에 힘을 꽉 준다.

조언

수비할 때 공격수가 피벗을 할 경우에는 한쪽 다리를 앞으로 내밀어 자세를 잡고 팔을 뻗어 압박한다.

MENU 102	수비

런 슬라이드

인원수	2명
장소	코트 전체
레벨	초급

목표 스피드의 강약을 조절하며 빠져나가려고 하는 공격수에게 끈질기게 달라붙는 기술이다. 슬라이드 스텝(메뉴 097)과 전력 질주를 구분해 사용하여 한 팔 간격으로 따라간다.

① 공격수가 천천히 드리블하면 슬라이드 스텝으로 따라붙는다

② 공격수가 속도를 내면 전력 질주로 전환해서 쫓아간다

✓ CHECK!
공격수는 템포를 빠르게 했다가 느리게 하는 등 조절하며 드리블한다. 수비수는 속도를 늦출 때 자세가 무너지지 않도록 주의한다.

MENU 103	수비

수비 풋워크

인원수	1명
장소	코트 전체
레벨	초급

목표 수비 풋워크를 익힌다. 4줄로 서서 각각의 풋워크 메뉴를 편도로 실시한다. 마지막에는 슬라이드 터치※를 해도 좋다.

3쿼터 동안 풋워크로 왕복한다

아래 6가지 메뉴를 한 방향씩 실시한다. 모두 뒤로 가면서 진행한다.
① 작은 바운딩(작게 점프하면서 뒤로 간다)
② 큰 바운딩(크게 점프하면서 뒤로 간다)
③ 바운딩하면서 지그재그
④ 3스텝 지그재그(3스텝 후 방향 전환하기를 반복하면서 뒤로 간다)
⑤ 2스텝 지그재그(2스텝 후 방향 전환하기를 반복하면서 뒤로 간다)
⑥ 1, 2, 3 스텝 지그재그(공격수를 떠올리면서 1~3 스텝을 조합한다)

✓ CHECK!
박수치며 동료를 독려하고 분위기를 띄우면서 즐겁게 연습한다.

※좌우 사이드 라인 위에, 코치가 각각 지그재그로 선다. 선수는 코치가 있는 곳까지 슬라이드 스텝과 런으로 이동한다. 코치를 터치하면 같은 움직임으로 반대쪽 사이드에 있는 코치를 향해 움직인다.

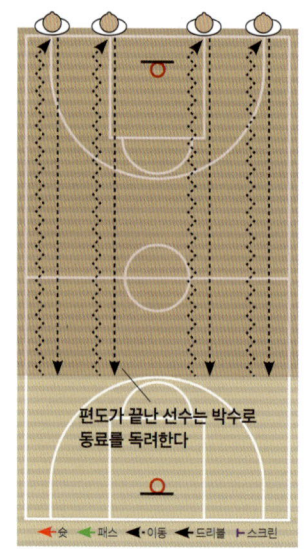

편도가 끝난 선수는 박수로 동료를 독려한다

갭

인원수	3명 이상
장소	골밑
레벨	초급

목표 볼맨 옆에서 페인트 존으로의 진입(페인트 존 어택)과 패스를 경계하며 수비하는 기술이다. 볼맨이 드리블을 멈추면 디나이(메뉴 105)로 전환한다.

두 팔을 벌리고 볼맨과 상대를 마크한다
볼맨과 상대의 중간 정도 위치에서 스탠스를 유지한다

☑ **CHECK!**

간접 시야를 활용하여 볼맨과 마크하는 상대 모두를 의식하며 플레이한다. 갭을 사용할지 말지는 상대 팀의 성향에 따라 판단한다. 예를 들어 드라이브보다 점프 슛을 주로 하는 팀이라면 갭보다는 디나이로 수비한다.

디나이

인원수	3명 이상
장소	하프 코트
레벨	초급

목표 마크하는 상대가 볼을 잡지 못하도록 방어하는 것을 말한다. 볼맨과 마크하는 상대의 움직임을 끊임없이 확인하고 패스를 받으려는 마크 상대를 정확한 포지션에서 막는다.

패스 코스에 손을 내민다

패스 코스

🚫 **NG**

패스 코스를 몸으로 막는 것은 NG. 이렇게 하면 마크 상대가 골대를 향해 달릴 때 대응하지 못할 수 있다.

MENU 106 · 1대1 포지션&비전

(수비)

인원수	3명 이상
장소	하프 코트
레벨	초급

목표 마크하는 상대와 볼맨의 위치 관계를 수시로 파악해서 디나이, 갭, 범프 등 적절한 포지션과 스탠스를 끊임없이 취한다.

① 공격수(이하 OF)는 코치에게 패스하고 한쪽 코너에서 반대쪽 코너로 이동한다

OF는 코치에게 패스하고, 리턴 패스를 받기 위해 움직인다. 수비수(이하 DF)는 범프(메뉴 096)로 막는다. OF가 범프를 벗어나 코너로 이동하면 DF는 코치와 OF 사이로 움직여 디나이(메뉴 105)로 패스를 막는다. OF가 디나이를 피하기 위해 반대쪽 코너로 이동하면 DF도 움직여 코치와 OF 중간에 포지션을 잡는다.

☑ **CHECK!**
디나이할 때는 볼과 선수를 잇는 곳에 손을 뻗는다.

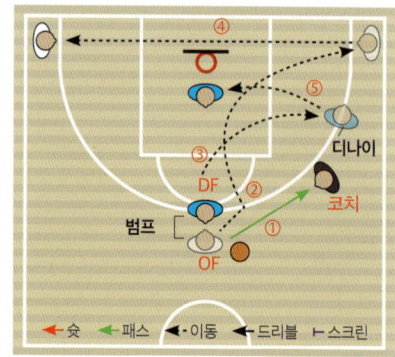

② OF는 45도로 올라가서 패스를 받는다. DF는 슛을 쏘지 못하게 막는다

OF는 45도(윙)로 올라가서 코치에게 패스를 받는다. DF는 클로즈 아웃(메뉴 094)으로 간격을 좁히면서 슛을 막는다. OF가 다시 코치에게 패스하면 DF는 재빠르게 코치와 OF의 중간 지점에 다시 포지션을 잡는다.

③ 골대 근처로 커팅한 OF가 톱으로 나와 볼을 받으면 1대1을 한다

OF는 코치에게 패스하자마자 골대 근처로 신속하게 이동(커팅)한 후, 골밑에서 톱으로 다시 뛰어나온다. DF는 적절한 포지션으로 OF와 볼맨(코치)을 계속 마크한다. OF가 코치에게 패스를 받으면 진검승부로 1대1을 실시한다.

☑ **CHECK!**
DF가 1대1을 하기 위해 포지션 위치를 바꿀 때는 동시에 수비 각도도 바꾼다.

수비

1 대 1 범프&인사이드 디나이

인원수	3명 이상
장소	하프 코트
레벨	초급

 포스트맨에게 수비(포스트 디펜스)로 붙는다. 골대에서 가까운 위치에서 취하는 디나이(인사이드 디나이)는 마크맨에게 밀착해서 진행한다.

1. 공격수(이하 OF)는 코치에게 패스를 건네고 페인트 존으로 간다

OF는 패스한 후에 페인트 존을 공략하기 위해 들어간다. 수비수(이하 DF)는 범프 자세를 취하고 OF를 밀면서 페인트 존 안으로 들어오지 못하게 막는다.

2. OF가 페인트 존 안으로 진입하면 코치 1이 코치 2에게 패스한다

OF가 범프에서 벗어나 페인트 존 안으로 진입하면 DF는 디나이로 전환해 OF를 밀착 방어하며 패스 코스에 팔을 뻗는다. 코치 2가 패스를 받으면 DF는 OF 앞에서 두 팔을 올려 패스 코스를 차단한다.

3. 베이스 라인 쪽에서 인사이드 디나이를 한다

OF가 패스를 받기 위해 몸싸움하며 움직이면 DF는 베이스 라인 쪽에서 인사이드 디나이로 빙어힌디. 코치 2가 OF에게 패스하고, 볼을 받으면 1 대 1을 한다.

| MENU 108 | (수비) **넘어지는 연습**(테이크 차지) | 인원수 2명
장소 코트 위
레벨 초급 |

목표 오펜스 차징을 유도(테이크 차징)하거나 루즈 볼(메뉴 109) 상황이 발생했을 때 올바른 자세로 넘어지거나 뛰어들 수 있도록 한다. 연습할 때 다치지 않도록 주의하자.

① 하키 스텝을 밟으면서 코치의 사인을 기다린다

☑ **CHECK!** 하키 스텝이란 자세를 낮게 유지하면서 두 다리로 작게 스텝을 밟는 것을 말한다.

② 코치가 볼을 앞으로 내밀면 뒤로 힘차게 넘어진다

☑ **CHECK!** 양손 → 엉덩이 순으로 착지. '앗!' 하고 소리치며 연습 분위기를 고조시킨다.

③ 턱을 당긴 자세로 쓰러진다

☑ **CHECK!** 뒤통수를 부딪혀 뇌진탕을 일으키지 않도록 반드시 이 자세를 습관화한다.

④ 처음 포지션으로 돌아가서 반복한다

☑ **CHECK!** 테이크 차지와 다음 페이지에서 소개하는 루즈 볼을 4번 정도 반복한다.

MENU 109 (수비)
넘어지는 연습 (루즈 볼)

인원수	2명
장소	코트 위
레벨	초급

목표 갑작스러운 반응에 다치지 않도록 이 연습을 통해 제대로 넘어지는 방법과 뛰어드는 방법을 몸에 익힌다. 아픔을 참는 용기가 필요한 만큼 팀에 큰 보탬이 된다.

① 코치가 볼을 옆으로 내밀면 그 방향으로 뛰어든다

☑ **CHECK!** 두 다리를 힘차게 내디디며 뛰어들고, 양손으로 먼저 착지한다.

② 기세가 줄어들지 않도록 가슴으로 착지하며 바닥에 미끄러진다

☑ **CHECK!** 가슴으로 미끄러지기 위해 팔로 몸을 밀어낸다.

③ 두 팔을 앞으로 내밀어서 볼을 잡으려고 한다

☑ **CHECK!** 두 팔을 쭉 뻗어서 앞으로 내민다.

감독의 마음가짐!

필자가 미국에서 코치 교육을 받았을 때 스승이었던 데이브 야나이 코치(전 캘리포니아 주립 도밍게스힐즈 대학교의 수석코치. 2021년에 존 우든 코치 레전드상 수상)는 루즈 볼을 잡기 위해 뛰어들거나 테이크 차징을 유도하는 선수에게 많은 칭찬을 해주었다. 이 플레이는 아픔을 참고 넘어질 용기가 필요하며 팀의 사기를 끌어올리는 데 큰 플러스 요인으로 작용하기 때문이다. 실패하더라도 도전한 선수를 크게 칭찬해 주자.

MENU 110

(수비)

1 대 1 종합 연습

인원수	2명
장소	코트 전체
레벨	초급

목표 코트를 세로로 3등분해서 실시하는 1 대 1 기초 연습이다. 플레이 구역을 제한하여 공격과 수비가 대등한 상태에서 서로의 기술을 주고받는다.

1 좌우 레인에서 드리블 1 대 1

그림처럼 콘을 설치하고 진한 화살표 구간에서 공격과 수비 1 대 1을 실시한다. 양쪽 사이드에 줄을 서서 동시에 실시하면 효율 높게 메뉴를 진행할 수 있다.

2 진검승부(라이브) 1 대 1

①이 끝나면 가운데 구역에서 1 대 1을 한다. 슛을 성공하면 공격이 이기고, 볼을 커트하면 수비가 이긴다.

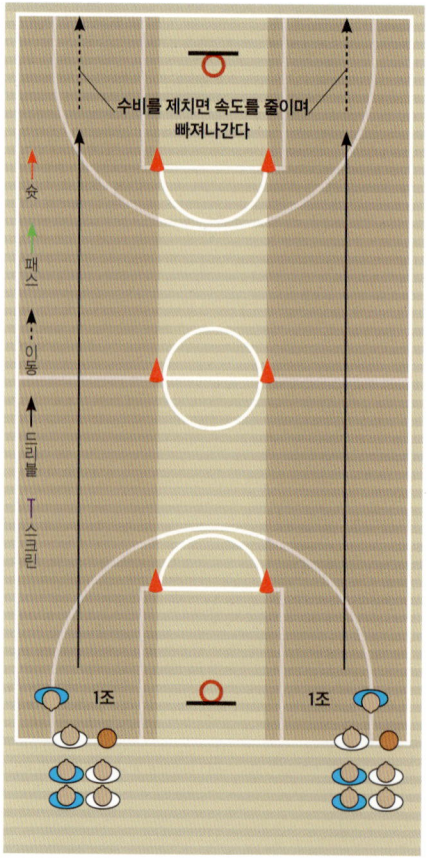

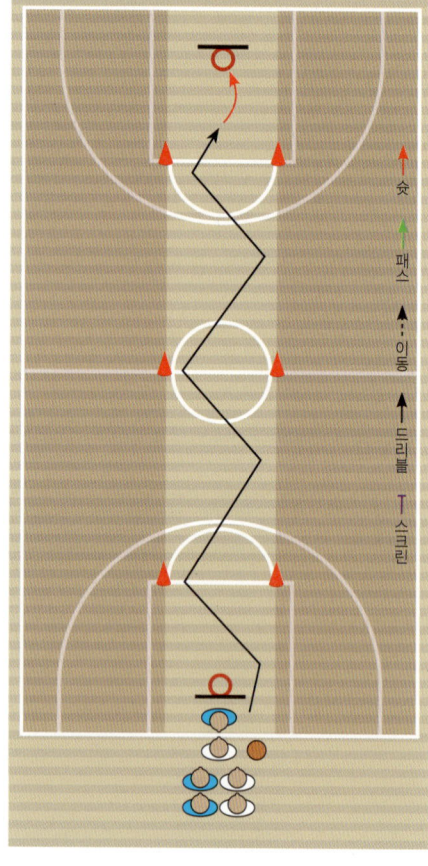

✅ **CHECK!** 수비를 제치면 실전에서의 헬프를 염두에 두고 속도를 줄인다. 슛은 쏘지 않는다.

✅ **CHECK!** 공격수는 좁은 공간에서 어떻게 슛으로 연결할지 생각하며 플레이한다.

제 **3** 장

팀 스킬

공격

팀 공격에서 중요한 것은 동료와 연계하기 위해 공간을 확보하는 것(스페이싱)과 움직이는 시점(타이밍) 그리고 이 모든 것을 파악하는 판단력이다. 드라이브 리액트(메뉴 116~118)에서는 공간 확보하는 법, 스크린 플레이(메뉴 122)에서는 타이밍 잡는 법을 배운 다음 3 대 3, 4 대 4, 5 대 5 등 시합에 가까운 상황에서 연습하며 판단력을 길러보자.

 하프 코트 공격

커팅 기본 동작

인원수	2명
장소	골밑
레벨	초급

목표 볼을 가지고 있지 않은 상태에서 골밑으로 달려가는 커팅 기술은 빠르게 이동하여 수비수를 어지럽히고 공간을 선점하는 것이 목적이다.

1 자연스러운 자세로 시작한다

☑ **CHECK!** 수비수가 자신을 보고 있지 않을 때가 진입할 절호의 기회다.

2 진행 방향과 반대 방향으로 크게 발을 내디딘다

☑ **CHECK!** 몸의 중심축을 곧게 유지한다. 진짜 이동할 것처럼 상대를 속이는 것이 중요하다.

3 수비수의 자세가 무너지면 재빨리 반대 방향으로 체중을 이동한다

☑ **CHECK!** 진행 방향과 반대쪽 어깨(사진에서는 왼쪽)를 확 들이민 다음 움직이기 시작한다.

4 수비수를 떨쳐내고 노마크로 움직인다

☑ **CHECK!** 재빨리 벗어나서 동료에게 볼을 요구한 다음 유리한 위치에서 공격을 전개한다.

2 대 2 패스&커팅

하프 코트 공격

인원수	4명 이상
장소	하프 코트
레벨	초급

목표 간단하면서도 수비수(이하 DF)로부터 벗어날 기회를 만들기 쉬운 패스&커팅 패턴과 정확한 상황 판단력을 익힌다. DF의 움직임을 잘 보고 플레이한다.

기본 동작

① A는 드리블로 이동해서 B에게 패스한다.
② B는 DF 2를 밀어내고 이동해 A에게 패스를 받는다.
③ A는 DF 1이 정면에서 막으면 제치고 들어간다(커팅).
④ A는 B에게 패스를 받아서 슛을 던진다.

☑ CHECK!
B는 DF 2를 밀어내고 이동할 때 A에게 패스받고 싶은 곳을 손으로 표시해서 패스 커트를 방지한다.

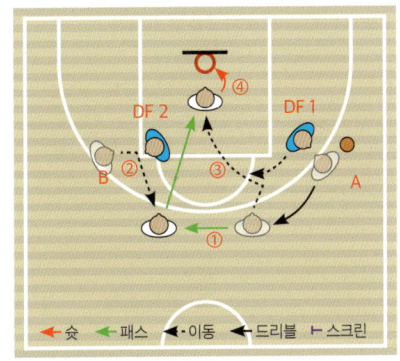

DF가 이중으로 막을 경우

기본 동작 ②를 한 후에 DF 1이 A가 달려 들어가는 것을 경계하며 패스 길목까지 이중으로 막는다면 A는 DF 1의 뒤쪽 공간으로 달려간다(백 커트).

☑ CHECK!
A는 DF 1이 자신에게서 눈을 돌리는 순간을 놓치지 않고 움직인다.

B를 마크하는 DF 2가 디나이하는 경우

기본 동작 ②를 하려고 할 때 DF 2가 B를 집요하게 방어해서 A가 B에게 패스할 수 없을 경우에는 B가 DF 2의 뒤쪽 공간으로 치고 들어간다. A는 B의 움직임에 맞춰 패스를 보내고 B는 패스를 받아 슛으로 연결한다.

☑ CHECK!
A는 DF 1의 수비 동작과 손의 위치 등을 잘 파악한 후에 적합한 패스를 선택한다.

드리블 핸드오프 슈팅

하프 코트 공격

인원수	2명
장소	하프 코트
레벨	초급

목표 아주 가까운 거리에서 확실하게 패스를 성공시키는 핸드오프와 그 후의 플레이를 연습한다. 익숙해진 다음에는 수비를 붙여서 더욱 실전에 가까운 상황에서 연습한다.

① A는 드리블하고 B는 달려서 45도로 간다

CHECK!
A와 B는 눈을 마주치면서 확실하게 의사소통 한다.

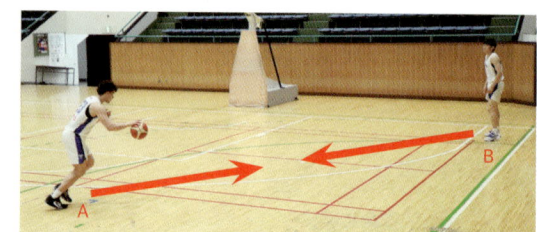

② A는 스쳐가는 타이밍에 볼을 가볍게 건넨다

CHECK!
A는 몸을 이용해서 볼을 지키고, 몸에서 가능한 가까운 위치에서 건넨다.

③ B는 패스를 받으면 드리블하며 슛을 쏜다

CHECK!
B는 핸드오프에서 드리블로 연결하여 골밑으로 들어가 슛을 쏜다. A도 골대로 달려가며 지원한다.

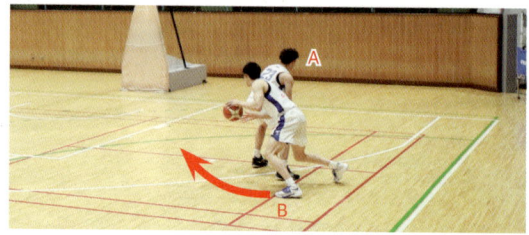

조언

이 연습은 수비수가 어떻게 B를 막고 있는지를 떠올리면서 실시한다. B를 마크하는 수비수가 A 뒤로 물러나면 3점 슛, 손을 사용해서 디나이(메뉴 105)로 패스를 막으려 한다면 베이스라인에서 커팅으로 빠져나온 다음(오른쪽 사진) 패스를 받아 슛을 한다. 만약 핸드오프를 했을 때 A의 수비가 B를 막으러 왔을 경우에는 A가 롤(턴)해서 골밑으로 들어간 다음 다시 패스를 받아 슛을 던진다.

MENU 114

(하프 코트 공격)

2 대 2 핀치 포스트

인원수	4명 이상
장소	하프 코트
레벨	초급

목표 패스 후에 커팅하는 패스&커팅(메뉴 112)와 핸드오프(메뉴 113)를 활용해서 2 대 2를 타개하는 연습이다. 강력한 콤비 플레이이므로 실전에서 사용할 수 있도록 확실하게 연습하자.

1. B는 신속하게 움직여 A에게 패스를 받으러 간다

A는 코치에게 패스를 받는다. B는 곧장 엘보로 올라가 수비수(이하 DF) 2를 등지며 포스트 업 자세를 취한다. A는 B에게 패스한다.

☑ **CHECK!**
A와 B는 눈을 마주치면서 확실하게 의사소통한다.

2. A는 V커트를 하고 핸드오프로 패스를 받아 슛을 쏜다

A는 V커트를 하고 B의 옆을 지나간다. DF 1이 뒤늦게 A를 따라오면 B는 핸드오프로 A에게 볼을 건네고, A는 그대로 골밑으로 들어가서 슛을 던진다.

☑ **CHECK!**
B는 몸을 이용해 볼을 지키고 A에게 건넨다.

조언

DF의 방어법에 따라 다음과 같은 패턴으로도 응용할 수 있다.
① DF 1이 A의 커팅에 늦지 않게 따라 붙으면 B는 볼을 건네지 않고 안쪽을 본다. A는 핸드오프를 받지 않고 C자를 그리듯이 커팅(오른쪽 사진)한 다음 B에게 패스를 받아 슛을 쏜다.
② DF 1이 A가 V 커트를 하기 전부터 디나이(메뉴 105)로 막는다면 A는 DF 1 뒤쪽으로 커팅하여(이 경우에는 왼쪽) 골밑에서 패스를 받아 슛을 쏜다.
③ DF 1이 골대 쪽으로 들어가면 A는 그 자리에서 3점 슛을 쏜다.

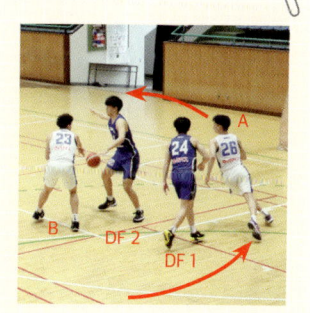

MENU 115
하프 코트 공격
펀치&스프레이

인원수	3명 이상
장소	하프 코트
레벨	초급

목표 드라이브한 다음 슛 기회를 엿보고 있을 때, 골대에서 가까운 위치(인사이드)에 있는 수비수(이하 DF)가 막으러(헬프) 온 상황을 떠올리며 연습한다. DF의 반응을 잘 파악한 후에 패스한다.

① A는 45도에서 드라이브한 다음 반대쪽 사이드에 있는 슈터(D)에게 패스한다

A가 드리블로 골을 향해 돌파(드라이브)하면 DF가 막는다. A는 D에게 패스하고 D의 위치로 이동한다. D는 B에게 패스하고 B의 위치로 이동한다.

☑ CHECK!
A는 골밑을 공략하며 D를 가능한 보지 않고 D에게 패스(노룩 패스)한다. D는 타깃 핸드를 내민다.

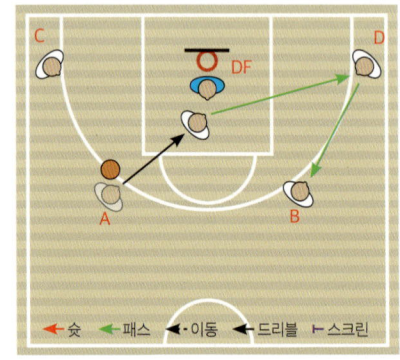

② 같은 패턴을 반대쪽 사이드에서도 연습한다

B는 드라이브를 하고, DF는 막는다. B는 C에게 패스하고 C의 위치로 이동한다. C는 A에게 패스하고 A의 위치로 이동한다. ①, ②를 반복한다. 도구가 없는 경우에는 DF가 운동량을 늘려도 좋다.

☑ CHECK!
DF가 컨택트 백(블로커)※ 등을 사용하면 연습의 난도가 더욱 올라간다.

※스펀지 같은 소재로 만든 접촉 강화용 연습 도구.

③ 베이스 라인에서 출발하는 패턴 연습도 실시한다

C는 드라이브를 하고, DF는 막는다. C는 B에게 패스하고 B의 위치로 이동한다. B는 D에게 패스하고 D의 위치로 이동한다. D는 드라이브한 다음 A에게 패스한다.

☑ CHECK!
드라이브할 때는 DF를 최대한 끌어들인 다음 패스하여 슛터가 노마크로 슛을 던질 확률을 높인다. 즉, DF가 골밑에서 나오지 않으면 최대한 돌파하고, DF가 반응하면 그때 패스한다.

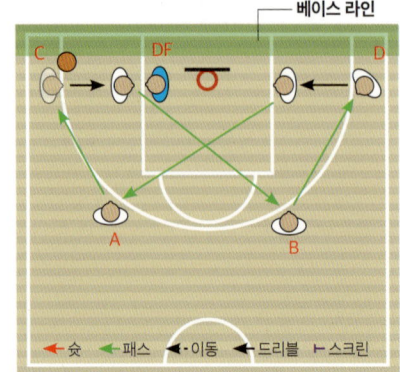

MENU 116 하프 코트 공격

드라이브 리액트 ①

인원수	6명 이상
장소	하프 코트
레벨	중급

3 팀 스킬 (공격)

🎯 **목표** 동료의 드라이브에 반응해 움직이고, 드라이브가 득점으로 이어지지 않았을 때 다음 슛 찬스를 만들기 위한 연계 플레이를 연습한다.

① A와 B가 마주 본 상태로 골밑에서 멀어지듯이 양옆으로 갈라진다

A와 B가 마주 본 포지션에서 시작한다. A는 골밑에서 45도로 올라가고 C에게 패스를 받는다. B는 뒤로 돌아서 45도로 달려간다.

☑ **CHECK!**

A는 수비수를 염두에 두고 반대 방향으로 페이크 동작을 한 다음 재빠르게 움직인다.

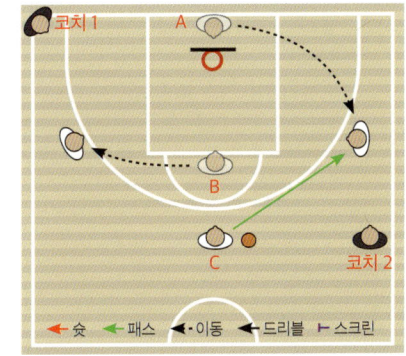

② A의 드리블에 맞춰 B와 C가 움직인다

A는 베이스 라인을 향해 드리블한다. B는 그 움직임에 맞춰 코너로 이동한 다음 A에게 패스를 받아 3점 슛을 쏜다. C는 45도로 이동한다.

☑ **CHECK!**

B는 A가 드리블하자마자 코너로 빠르게 이동한다. 손으로 패스를 받고 싶다는 신호(타깃 핸드)를 보내고 슛을 준비한다.

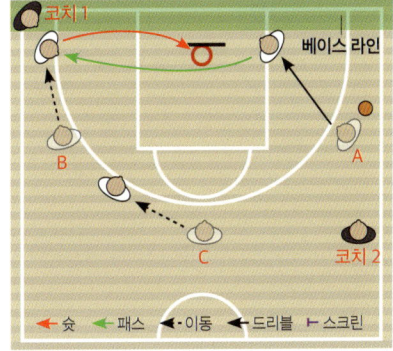

③ C와 A도 3점 슛을 던진다

B가 슛을 던지자마자 C는 45도 위치에서 코치 1에게 패스를 받아 3점 슛을 쏜다. A는 코너까지 뒷걸음질로 이동한 다음 코치 2에게 패스를 받아 3점 슛을 쏜다.

☑ **CHECK!**

다시 아웃사이드로 나가서 새로운 공격 기회를 엿본다.

인원수	6명 이상
장소	하프 코트
레벨	중급

MENU 117 (하프 코트 공격)
드라이브 리액트②

목표 베이스 라인 쪽을 드리블로 돌파하는 베이스 라인 드라이브와 골대 근처에 있는 선수와의 연계 플레이를 익힌다. 드리블하는 선수의 움직임을 잘 보고 공간을 만들어서 다음 행동으로 넘어가기 쉬운 포지션을 취한다.

① A는 스크린을 활용해 45도로 올라가서 패스를 받는다

B와 C가 서로 마주 본 상태에서 B는 스크린 자세를 취한다. A는 B의 스크린을 활용해 45도 올라가서 코치 1에게 패스를 받는다. B와 C는 볼이 있는 쪽으로 몸을 돌려 자세를 취한다.

☑ **CHECK!**
B는 A가 볼을 받으면 페인트 존 근처에서 골대를 등지고 볼을 요구한다.

② B는 A의 드라이브에 맞춰 리버스 턴하고, A에게 패스를 받아 골밑 슛을 쏜다

A는 베이스 라인 쪽으로 드라이브한다. B는 A의 움직임을 보면서 왼쪽 다리를 축으로 삼아 180도 리버스 턴하고, A에게 패스를 받아 슛을 쏜다.

☑ **CHECK!**
C는 림과 보드의 오른쪽 모서리 중간 지점으로 이동해 골대를 정면으로 마주 본다.

③ C는 골밑 슛, A는 3점 슛을 쏜다

C는 코치 3에게 패스를 받아 골밑 슛을 쏜다. A는 낮은 자세를 유지한 채 뒷걸음질(백 페달: 메뉴 099)로 빠르게 코너로 이동한 다음 코치 2에게 패스를 받아 3점 슛을 쏜다.

☑ **CHECK!**
백 페달로 빈 곳을 메우고 항상 공격수끼리 일정한 거리를 유지하는 것이 중요하다.

인원수	5명 이상
장소	하프 코트
레벨	중급

MENU 118

(하프 코트 공격)

드라이브 리액트③

팀 스킬(공격)

목표 볼을 가진 선수가 미들 레인으로 드라이브할 때, 동료 선수들이 그 움직임에 맞춰 이동하는 패턴을 익힌다. 전체 움직임을 유기적으로 떠올릴 수 있게 연습한다.

① A와 B는 골대에서 멀어진다. D와 E는 골대 주변에서 상황을 살핀다

A와 B, D와 E가 서로 마주 보고, D는 스크린 자세를 취한 채로 시작한다. A는 D의 스크린을 활용해서 45도로 올라가고 C에게 패스를 받는다. B는 돌아서 45도로 이동한다.

☑ **CHECK!**

D는 A가 볼을 받으면 골대를 등지고 볼을 요구한다.

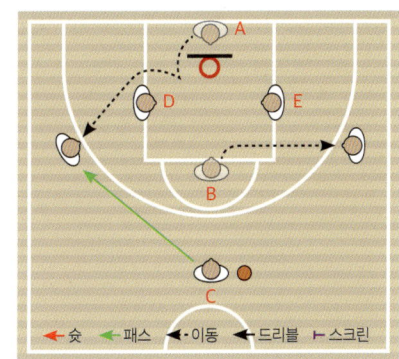

② A의 드라이브에 맞춰 B~E가 움직인다

A는 미들 레인을 향해 드라이브한다. D는 A의 움직임을 보면서 오른쪽 다리를 축으로 삼아 리버스 턴한다. E는 데드 로우※로 이동한다. B는 코너로, C는 45도 이동한다. 미들 레인으로 드리블 돌파한 A는 C에게 패스한다.

☑ **CHECK!**

C가 슛을 쏠 수 있는 범위로 이동함으로써 아군이 유리한 상태에서 공격할 수 있다.

※골대의 거의 뒤쪽 구역을 가리킨다.

③ B의 드라이브에 맞춰 A, D, E가 슛을 쏜다

C에게 패스한 A는 낮은 자세를 유지한 채 뒷걸음질치며 코너로 이동한다. C는 바로 B에게 패스한다. B는 드리블하며 데드 로우로 돌파한 다음 D나 E 또는 A 중 한 사람에게 패스하고, 패스를 받은 선수는 슛을 쏜다.

☑ **CHECK!**

B는 수비수가 있다고 생각하면서 다양한 방법으로 패스한다.

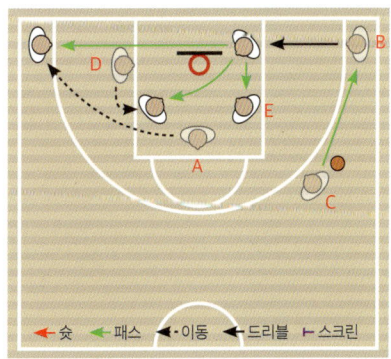

MENU 119

하프 코트 공격

2 대 1 슈팅

인원수	5명 이상
장소	하프 코트
레벨	초급

 목표
A와 B를 마크하는 수비수(이하 DF)를 배치하여 2 대 1 상황에서 공격하는 법을 배운다. 실전에서 자주 발생하는 상황이니 철저하게 연습하자.

기본 동작

① 코치는 A에게 패스한다.
② A는 B를 마크하는 DF가 자신을 막으러 오는지 그대로 B를 막는지 확인한 후에 다음 플레이를 결정한다.

☑ CHECK!

DF가 A에게 다가오지 않으면 3점 슛, 또는 드리블한 후에 슛을 쏜다.

DF가 A를 막으러 오는 경우

기본 동작 ① 다음에 DF가 A를 막으러 오면 B에게 패스하고 B가 슛을 쏜다. 이때 DF가 B를 막으러 돌아가면 A는 B에게 패스를 받기 쉬운 톱 위치로 이동하고, B는 드리블한 후에 A에게 패스한다. A는 DF의 움직임에 따라 적합한 슛을 선택한다(조언 참고).

☑ CHECK!

드라이브 리액트(메뉴 116~118)는 공간을 이동하는 데 필요한 상황 판단에 도움이 된다.

조언 🔊

항상 DF의 움직임을 파악하고 어떤 슛을 쏠지 판단한다. 예를 들어 DF가 앞으로 나오지 않을 경우에는 B가 드라이브해서 슛을 쏜다. DF의 압박이 심할 때는 A에게 패스한다. A는 DF의 움직임을 보고 압박이 약하면 적극적으로 3점 슛을 노린다.

인원수	5명
장소	하프 코트
레벨	초급

MENU 120 (하프 코트 공격)

3 대 2 온 더 사이드

목표 수비수(이하 DF)의 포지션을 파악하고 드라이브한 다음 적절하게 플레이하는 능력을 기르는 연습이다. 인사이드에서 아웃사이드로 패스(킥아웃)하거나 패스 연계를 하는 등 다양한 패턴 가운데 적합한 플레이를 한다.

① **A, B, C는 패스를 돌리고, DF 1, DF 2는 공격수 3명을 막는다**

DF 1은 A에게 패스한 다음 A와 거리를 좁혀서 슛을 쏘지 못하게(클로즈 아웃: 메뉴 094) 한다. A는 B에게, B는 C에게 패스한다. DF 1과 DF 2는 A, B, C 3명을 막는다.

② **C는 드라이브하고 DF를 살핀 후에 패스한다**

C는 드라이브하고 DF의 포지션을 잘 살핀 다음 A나 B에게 패스한다. 이후에도 DF의 상황을 파악하며 자유롭게 공격을 전개해 A, B, C 중 한 사람이 슛을 성공시킨다.

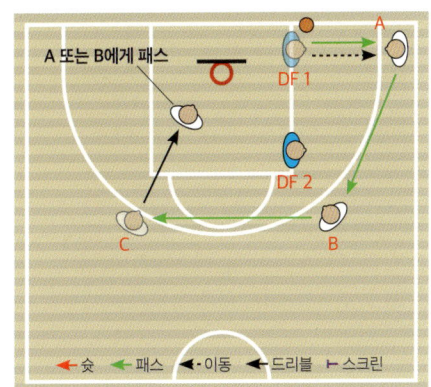

인원수	6명
장소	하프 코트
레벨	중급

MENU 121 (하프 코트 공격)

3 대 3 속공

목표 메뉴 120의 응용편. 페인트 존 안으로 침투해 프리 상태에서 슛으로 연결하는 흐름을 만든다. 총알처럼 빠르고 힘차게 드라이브하며 3 대 3 공방을 펼친다.

A의 드라이브를 시작으로 3 대 3을 전개한다

A는 들어가면서 DF 1에게 패스를 받아 드리블한다. DF 1은 패스하고 바로 A를 마크한다. 그 후에는 자유롭게 3 대 3을 펼친다.

조언

A는 클로즈 아웃하며 다가오는 DF 1을 제치고, 레이업 슛을 노린다. 또는 다른 DF들의 반응을 살피고 프리가 된 공격수에게 패스하며 슛을 노린다.

MENU 122 　하프 코트 공격

스크린 기본 동작

인원수	4명 이상
장소	골밑
레벨	중급

목표 　벽을 세워서 상대 수비수(이하 DF)를 막고, 동료를 노마크로 만드는 기술이다. 스크린을 거는 선수(A)와 스크린을 활용하는 선수(B)가 호흡을 맞추는 연계 플레이를 연습한다.

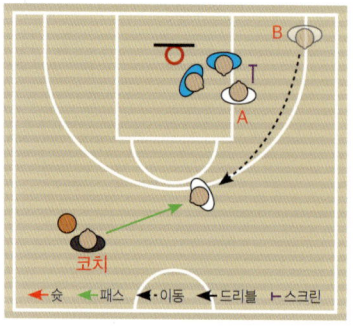

조언　스크린은 발을 어깨 너비보다 조금 넓게 벌린 스탠스를 취하고 무릎을 굽혀 낮은 자세를 취하는 것이 기본이다. 턱은 가볍게 당긴다.

1 A는 양손을 앞쪽에서 마주 잡고 낮은 자세를 취한다

☑ **CHECK!**
A는 B의 진행 방향을 등진 상태로 서야 스크린 효과가 높아진다.

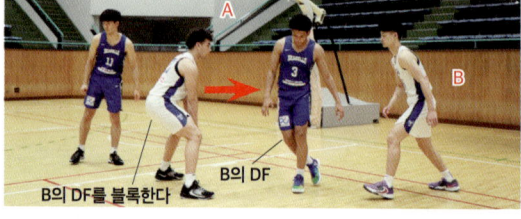

2 A는 B의 DF를 막는다(스크린)

☑ **CHECK!**
B는 A의 바깥쪽으로 움직여 낮은 자세를 유지하면서 톱 위치로 이동한다.

3 B는 패스를 받는다

☑ **CHECK!**
B는 코치에게 패스를 받는다. A는 빠르게 스크린 자세를 풀고 다음 플레이를 전개한다.

MENU 123

`하프 코트 공격`

크로스 스크린

인원수	4명 이상
장소	하프 코트
레벨	중급

3 팀 스킬(공격)

목표 페인트 존을 가로질러 스크린을 걸고, 골밑을 프리 상태로 만든다. 스크린을 거는 선수(A)가 자유투 라인으로 올라가서 미들 슛을 던지는 흐름으로 플레이할 수도 있다.

 A는 페인트 존을 가로질러 이동한다

✅ **CHECK!**
A는 B의 수비수(이하 DF)를 향해 신속하게 이동한다.

 A는 B의 DF 옆에 서서 스크린을 건다

✅ **CHECK!**
B는 스크린을 확인하고, 골대 안쪽으로 들어가는 척한 다음 A의 바깥쪽으로 이동한다.

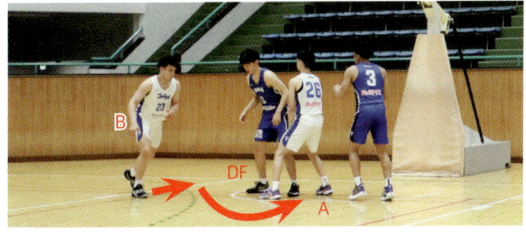

 B는 노마크 상태에서 패스받을 준비를 한다

✅ **CHECK!**
B는 볼을 받고 싶은 장소에 손을 내밀어 코치에게 패스를 받는다.

 B는 패스를 받아서 슛을 노린다

✅ **CHECK!**
슛을 쏘지 못하면 B와 거리를 벌려 움직이는 A에게 패스하고, A는 다음 득점 기회를 노린다.

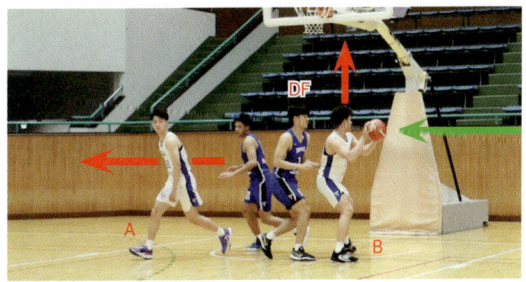

인원수	4명 이상
장소	하프 코트
레벨	중급

(하프 코트 공격)

MENU 124 플레어 스크린

목표 볼에서 멀리 떨어진 곳에서 패스를 받기 위한 기술이다. 장거리 슛 성공률이 높은 선수에게 좋은 훈련이다. 스크린을 거는 선수(A)는 골대 정면으로 달려 들어가서 두 번째 기회를 노린다.

1 A는 스크린을 걸러 간다

✅ **CHECK!**
A가 '스크린'을 하겠다는 핸드 사인을 하면 스크린을 활용하는 B가 움직이기 편하다.

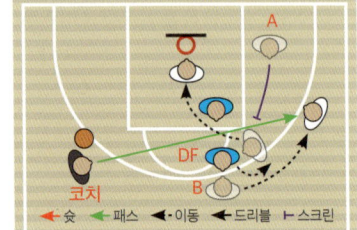

2 A는 B를 마크하는 수비수(이하 DF) 바로 옆에서 스크린을 건다

✅ **CHECK!**
B의 진행 방향을 등지고 스크린 자세를 취한다.

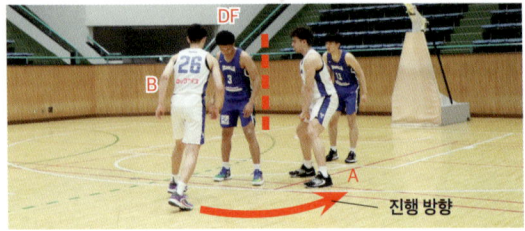

3 B는 코너 쪽으로 이동해서 코치에게 패스를 받는다

✅ **CHECK!**
A는 B를 마크하는 DF가 B를 따라가지 못하도록 몸으로 블록한다.

4 B는 3점 슛을 노린다

✅ **CHECK!**
A는 3점 슛이 안 들어갔을 경우를 대비해 골밑으로 빠르게 들어가서 두 번째 기회를 노린다.

MENU 125 | 하프 코트 공격
다운 스크린

인원수	3명 이상
장소	하프 코트
레벨	중급

3 팀 스킬(공격)

목표 코너에서 톱으로 올라가기 위한 기술이다. 수비수(이하 DF)가 커버하러 와서 슛을 쏘지 못할 때는 스크린을 거는 선수(A)가 골밑으로 들어가서 패스를 받은 다음 슛을 쏜다.

① A는 핸드 사인을 하면서 스크린을 걸러 간다

☑ **CHECK!**

A는 볼을 가진 선수(B)와 DF를 연결하는 선 위에서 스크린을 거는 것이 좋다.

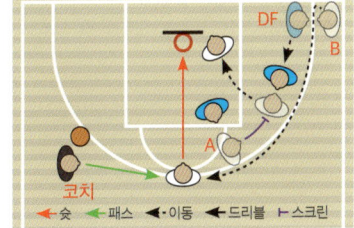

② B는 톱으로 이동한다

☑ **CHECK!**

B는 골대 안으로 달려가는 척하면서 A의 바깥쪽으로 이동한다.

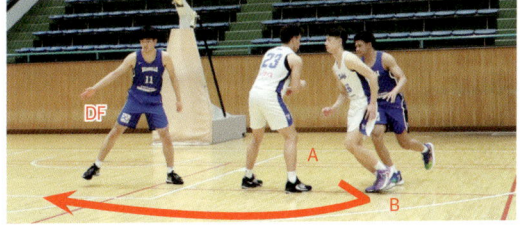

③ A는 B의 DF를 몸으로 막는다

☑ **CHECK!**

B는 A의 옆을 스치듯이 이동한다.

B는 톱에서 패스를 받아 점프 슛을 쏜다

☑ **CHECK!**

A는 점프 슛이 안 들어갔을 경우를 대비해 골밑으로 들어가서 두 번째 기회를 노린다.

인원수	4명 이상
장소	하프 코트
레벨	중급

(하프 코트 공격)

백 스크린

목표 수비수(이하 DF) 1 바로 뒤에서 스크린을 걸어 골밑을 프리 상태로 만든다. DF 1이 스크린을 빠르게 눈치채고 골밑으로 들어가면 패스를 받은 B는 3점 슛을 노린다.

1 A는 골밑에서 스크린을 걸러 간다

☑ **CHECK!**
B는 DF 1이 바로 뒤에 스크린이 있는 것을 눈치채지 못하게 이동한다.

2 B는 스크린을 건 A 옆을 빠져나간다

☑ **CHECK!**
B는 타이밍을 계산해서 골대 쪽으로 페이크를 넣은 다음 볼이 있는 쪽으로 들어간다.

3 B는 DF를 따돌리고 골대로 향한다

☑ **CHECK!**
B는 코치를 보고 볼을 요구한다.

4 B는 패스를 받아서 레이업 슛을 쏜다

☑ **CHECK!**
B는 레이업 슛을 쏜다. A는 골대에서 떨어진 위치로 달려가서 두 번째 기회를 노린다.

픽&롤

하프 코트 공격

인원수	4명 이상
장소	하프 코트
레벨	상급

목표 볼을 가진 선수의 수비수(이하 DF)에게 거는 스크린(온 볼 스크린)의 기본 전술이다. 상황에 따라 다양한 플레이를 전개할 수 있는 최강의 콤비 플레이이므로 잘 배워두도록 하자.

① A는 골대를 등지고 B를 마크하는 DF 1에게 스크린을 건다

☑ **CHECK!**
B는 A의 옆을 드리블로 빠져나간다.

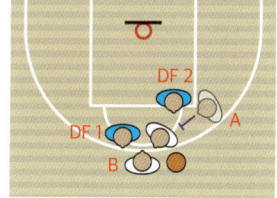
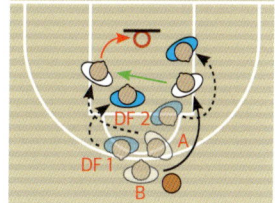

← 슛　← 패스　← 이동　← 드리블　← 스크린

② A는 턴해서 골대로 들어간다

☑ **CHECK!**
B는 A를 마크하는 DF 2를 잘 살펴보고 다음 플레이를 결정한다.

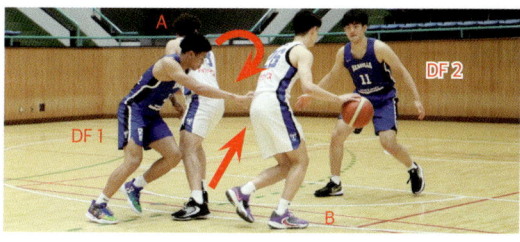

③ B는 달려 들어가서 A에게 패스한다

☑ **CHECK!**
B에게 DF 2가 붙지 않으면 그대로 드리블해서 슛을 던져도 좋다.

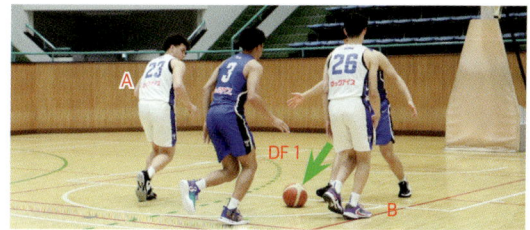

④ A는 패스를 받으면 슛을 노린다

☑ **CHECK!**
A는 DF의 움직임에 따라 다시 B에게 패스해도 좋다.

픽&팝

인원수	4명 이상
장소	하프 코트
레벨	상급

하프 코트 공격

목표 스크린을 거는 선수(A)가 리버스 턴하여 골대와 반대 방향으로 달려가면서 노마크 상태가 된다. 장거리 슛 성공률이 높은 빅맨이 있다면 도전한다.

1 A는 B를 마크하는 수비수(이하 DF) 1에게 스크린을 건다

CHECK!
스크린을 세트한 다음에 몸을 움직이면 파울이 될 수 있으니 조심한다.

2 A는 스크린한 다음 리버스 턴으로 골대에서 떨어진다

CHECK!
B는 A의 움직임과 DF를 잘 살펴보고 골대 쪽으로 드리블한다.

3 B는 엘보 근처에서 A에게 패스한다

CHECK!
사진의 훅 패스(메뉴 066)처럼 한 손으로 높은 위치에서 건네는 패스가 전달되기 쉽다.

4 A는 아웃사이드에서 슛을 노린다

CHECK!
DF 2가 서둘러서 A와의 간격을 좁혀 오면 DF 2가 자세를 바로잡기 전에 슛을 노린다.

인원수	4명 이상
장소	하프 코트
레벨	중급

MENU 129 · 핀다운 슈팅①

(하프 코트 공격)

목표 수비수를 마치 핀으로 고정하듯이 만드는 '핀다운'을 사용한 슈팅이다. 빅맨의 장점을 활용하는 전술로 실전에서 많이 사용한다. 연습은 하프 코트의 양 사이드에서 실시한다.

① A는 B의 핀 다운을 활용하여 45도로 달려간 다음 C에게 패스를 받아 3점 슛을 쏜다

B는 블록 위치에서 스크린 자세로 핀다운을 건다. A는 이것을 활용하여 45도로 달려간다. A는 C에게 패스를 받아서 3점 슛을 쏜다.

② B는 포스트 플레이한 후에 슛을 쏜다

B는 스크린한 후 페인트 존 부근에서 골대를 등지고 패스를 기다린다(포스트 업). 이후 D의 패스를 받으면 페이크나 드리블을 활용해서 슛을 쏜다.

수비수를 염두에 둔다

◀ 슛   ◀ 패스   ◀·이동   ◀ 드리블   ┝ 스크린

인원수	4명 이상
장소	하프 코트
레벨	중급

MENU 130 · 핀다운 슈팅②

(하프 코트 공격)

목표 수비수가 핀다운을 피해 쫓아오면 핀다운을 활용하는 선수(A)는 C자를 그리듯이 움직인다. 이때 스크린을 거는 선수(B)에게서 떨어지지 않고 날카롭게 움직인다.

① A는 핀다운을 활용하여 C자를 그리듯이 자유투 라인 가운데로 움직인다

B는 블록 위치에서 스크린 자세로 A를 마크하는 수비수에게 핀다운을 건다. A는 그것을 활용하여 C자로 움직여(컬 커트) 자유투 라인 가운데로 올라간다.

② A는 자유투 라인에서, B는 골밑에서 슛을 쏜다

A는 C에게 패스를 받고 한 발씩 착지한 다음 점프 슛을 쏜다. B는 턴해서 볼을 요구하고 D에게 패스를 받아 슛을 쏜다.

◀ 슛   ◀ 패스   ◀·이동   ◀ 드리블   ┝ 스크린

MENU 131 〔하프 코트 공격〕 **핀다운 슈팅③**

인원수	4명 이상
장소	하프 코트
레벨	중급

목표 수비수가 핀다운을 위쪽※으로 빠져나왔을 때는 핀다운을 활용하는 선수(A)가 골대에서 멀리 움직이는 것이 좋다. 핀다운을 활용하는 선수(A)는 볼을 가진 선수를 살피면서 타이밍을 보고 뛰어간다.

① **A는 핀다운을 활용하여 3점 슛 라인으로 달려간다(플레어 커트)**

B는 스크린 자세로 핀다운을 건다. A는 이것을 활용하여 골대에서 멀리 뛰어나오며 3점 슛 라인으로 간다. C는 원 드리블한 다음 A에게 한 손으로 패스한다.

② **A는 3점 슛을, B는 점프 슛을 쏜다**

A는 3점 슛을 쏜다. B는 턴해서 자유투 라인으로 올라가고 D에게 패스를 받아 정면에서 점프 슛을 쏜다.

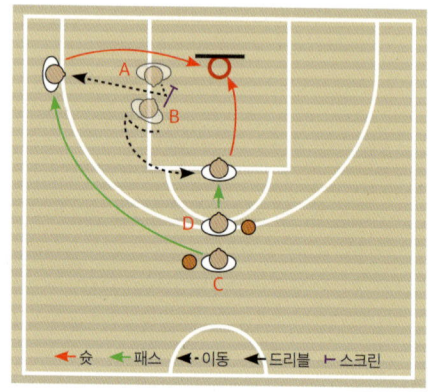

← 슛 ← 패스 ← 이동 ← 드리블 ┝ 스크린

※스크린 위치를 기준으로 했을 때 볼 쪽.

MENU 132 〔하프 코트 공격〕 **다운 스크린을 활용한 모션 슈팅**

인원수	4명 이상
장소	하프 코트
레벨	중급

목표 골대에서 먼 위치에서 엔드 라인을 향해 다운 스크린을 걸고, 엔드 라인 근처에 있는 동료를 프리로 만드는 기술이다. 익숙해지면 A, B 선수에게 수비수(이하 DF)를 붙이고 연습해보자.

기본 동작

① A는 B에게 패스한다.
② A는 C를 마크하는 DF에게 다운 스크린(메뉴 125)을 걸러 간다.
③ C는 자유투 라인으로 올라간다.
④ C는 B에게 패스를 받아 골대 정면에서 점프 슛을 쏜다.

엘보

← 슛 ← 패스 ← 이동 ← 드리블 ┝ 스크린

☑ **CHECK!**

A가 엘보를 지나 스크린을 걸러 가면, 스크린 각도가 좋아 C를 막는 DF가 빠져나가기 어려워지므로 늘 의식하는 것이 좋다.

MENU 133

(하프 코트 공격)

패턴별 모션 슈팅

인원수	3명 이상
장소	하프 코트
레벨	중급

목표 다운 스크린을 활용한 모션 슈팅(메뉴 132)을 할 때는 수비수(이하 DF)의 움직임에 따라 패턴을 구성하는 것이 좋다. DF의 어떤 움직임에도 대응할 수 있도록 연습하자.

DF가 스크린을 빠져나와 뒤에서 쫓아올 경우

메뉴 132의 기본 동작 ③에서 DF가 C의 뒤를 쫓아오면 C는 C자로 움직이며 골밑으로 커팅해 들어가고 B에게 패스를 받아 슛을 쏜다. A는 C의 진행 방향과 반대쪽으로 움직인다.

☑ CHECK!

C는 첫 번째 기회를 노리고, A는 두 번째 기회를 노린다.

DF가 스크린을 안쪽으로 빠져나올 경우

메뉴 132의 기본 동작 ② 다음에 DF가 A의 스크린을 안쪽으로 빠져나오면 C는 골대와 반대쪽으로 움직여서 DF와 거리를 넓히고 B에게 패스를 받아서 슛을 쏜다.

☑ CHECK!

DF가 C의 움직임에 반응할 때는 A가 플래시(순간적으로 움직여서 마크맨을 따돌리는 것)로 안쪽으로 들어가 두 번째 기회를 노린다.

DF가 스크린보다 먼저 몸을 이용해서 디나이해 오는 경우

메뉴 132의 기본 동작 ②를 할 때 DF가 손을 사용해서 디나이(메뉴 105)하면 C는 스크린을 활용하지 않고, 엔드 라인 쪽 공간을 활용해 들어간 다음 B에게 패스를 받아 슛을 쏜다. A는 C의 진행 방향과 반대쪽으로 움직인다.

☑ CHECK!

C는 첫 번째 기회를 노리고, A는 두 번째 기회를 노린다.

MENU 134

하프 코트 공격

플레이 스크린을 활용한 모션 슈팅

인원수	4명 이상
장소	하프 코트
레벨	중급

목표 A가 B에게 패스하는 순간에 맞춰 C가 재빨리 플레이 스크린(메뉴 124)을 걸고 A를 마크하는 수비수(이하 DF)의 움직임을 막는다. DF의 반응을 살피고 동작(모션)을 선택하는 것이 중요하다.

기본 동작

① A가 B에게 패스한다.
② C는 A를 마크하는 DF에게 플레이 스크린을 걸러 간다.
③ A는 스크린을 활용하여 노마크가 된다.
④ C는 골대 방향으로 커트 인한다.
⑤ B는 C에게 패스하고, C는 슛을 쏜다.

☑ **CHECK!**

C에 붙어 있던 DF가 A의 움직임에 반응하여 막으러 가면 C가 커트 인할 수 있게 된다.

DF가 위쪽으로 스크린을 빠져나올 경우

기본 동작 ② 다음에 DF가 스크린을 활용해 빠져나간 A를 쫓아가면 A는 C자로 커트 인해서 골대 쪽으로 압박한다. C는 톱을 향해서 움직인다.

☑ **CHECK!**

A는 첫 번째 기회를 노리고, C는 두 번째 기회를 노린다.

DF가 아래쪽으로 스크린을 빠져나올 경우

기본 동작 ② 다음에 DF가 아래쪽으로 스크린을 빠져나가면 A는 B에게 패스한 다음 외각으로 움직여 DF와 거리를 둔다. 그다음 A는 B에게 패스를 받아 3점 슛을 쏜다.

☑ **CHECK!**

A의 움직임에 DF가 반응하면 C가 안쪽으로 들어가며 패스를 요구한다.

인원수	4명 이상
장소	하프 코트
레벨	상급

MENU 135 (하프 코트 공격) 미들 픽&롤 슈팅

목표 골대와 골대를 잇는 미들 라인에서 픽&롤(메뉴 127)을 실시할 때의 기본적인 공격 패턴이다. 잘 익히도록 하자.

① A는 엘보에서 수비수(이하 DF) 1에게 다운 스크린을 걸고 B는 그것을 활용해 톱으로 올라가 C에게 패스를 받는다

A는 엘보 위치까지 내려가서 B를 마크하는 DF 1에게 다운 스크린(메뉴 125)을 건다. B는 스크린을 활용해 톱으로 올라가서 C에게 패스를 받는다.

☑ CHECK!
A는 스크린을 건 후에 리버스 턴하고 빠르게 픽&롤을 한다.

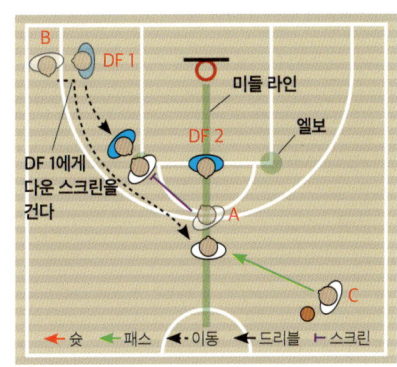

② A와 B의 픽&롤로 득점을 노린다

DF 1이 스크린을 벗어나 B를 압박하면 A는 톱으로 올라가서 B를 마크하는 DF 1에게 다시 스크린을 건다(픽 스크린). B는 스크린을 활용하여 A와 반대 방향으로 드라이브한 다음 슛을 쏜다. A는 턴(롤)해서 골밑으로 들어간다.

☑ CHECK!
B가 드라이브로 돌파할 때 DF가 막으러 오면 A에게 패스한다.

C에게 수비를 붙여 3 대 3 패턴을 연습한다

C는 ①에서 B에게 패스를 보낸 다음 코너로 이동한다. B는 A의 스크린과 턴(픽&롤)을 활용하여 드라이브한 다음 A에게 패스한다. 만약 턴해서 골밑으로 들어가는 A를 DF 3이 막으러 오면 C가 달려가는 A의 움직임에 맞춰 45도로 올라간다. B가 C에게 패스하면 C는 슛을 쏜다.

☑ CHECK!
C는 DF 2가 A를 막으러(헬프) 간 순간의 틈을 놓치지 않고 신속하게 45도로 올라온다.

MENU 136 · 사이드 픽&롤 슈팅

하프 코트 공격

인원수	4명 이상
장소	하프 코트
레벨	상급

목표 45도(윙)에서 실시하는 픽&롤 상황에서 수비수(이하 DF)의 움직임에 맞춘 대응법을 배운다. 상황에 따라 매니저나 코치가 DF처럼 서 있기도 한다.

기본 동작

① B는 스크린 자세를 취한다.
② A는 B의 스크린을 활용하여 반대쪽 사이드로 이동한다.
③ A는 코치에게 패스를 받는다.
④ C는 B를 마크하는 DF에게 스크린을 걸어 간다.

✅ CHECK!

익숙해지기 전에는 픽&롤을 확실하게 수행하도록 한다. 픽&롤에 반응하는 DF에게 대응할 수 있도록 드리블 핸들링과 패스 스킬을 습득하는 것이 무엇보다 중요하다.

DF가 내려올 경우

B는 A를 마크하는 DF에게 스크린을 건다. C는 상대가 A의 드라이브를 막으러 가지 못하도록 골밑에 서 있는 DF의 움직임을 살피며 밀착(실드) 방어로 드리블 코스를 만든다. A는 B의 스크린과 C의 실드를 활용하여 드리블(드라이브)해서 슛을 쏜다.

✅ CHECK!

C는 주위의 움직임을 잘 파악하고 신속하게 밀착(실드) 방어 태세로 움직인다.

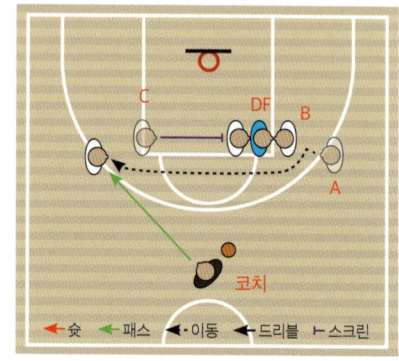

DF가 드리블을 막으러 올 경우

B는 A를 마크하는 DF에게 스크린을 건다. DF가 A의 드라이브를 막으려고 움직이면 C가 자유투 라인 가운데로 올라간다. A는 C에게 패스하고, 그것을 본 B는 골밑으로 들어간다. A에게 패스를 받은 C는 달려 들어가는 B에게 패스하고 B는 슛을 쏜다.

✅ CHECK!

C는 A를 마크하는 DF가 움직이면 자유투 라인 가운데로 올라 간다.

MENU 137

(하프 코트 공격)

5 대 5 모션 공격

인원수	10명
장소	하프 코트
레벨	상급

목표 핀다운(메뉴 129~131)이나 플레어 스크린(메뉴 124)을 5 대 5 상황에서 활용한다.

5 대 5 상황에서 핀다운이나 플레어 스크린을 연습한다

B~E는 마름모꼴(다이아몬드) 진형을 만들고, D는 C를 마크하는 수비수에게 핀다운을, E는 B를 마크하는 수비수에게 플레어 스크린을 건다. 이때 C는 D의 스크린을 활용해 45도 위치로 이동하고, B는 E의 스크린을 활용해 사이드로 이동한다. A는 45도로 이동한 C에게 패스한다. C가 드리블하면 E는 A를 마크하는 수비에게 플레어 스크린을 한다. 이때 A는 E의 스크린을 활용해 45도로 이동하고, B는 반대쪽 사이드로 이동한다. 이후에는 드라이브 리액트(메뉴 116~118)와 스크린을 반복하며 프리가 된 선수가 슛을 던진다.

✅ CHECK!
주위의 움직임을 살피고 타이밍과 공간을 고려하여 스크린 모션을 계속 이어간다.

MENU 138

(하프 코트 공격)

5 대 5 픽 게임

인원수	10명
장소	하프 코트
레벨	상급

목표 사이드 픽&롤(메뉴 136)을 연속 동작으로 익힌다. B, C는 키가 큰 선수(빅맨), A, D, E는 아웃사이드에서 플레이하는 선수(퍼리미터)가 맡는다.

게임 중에 사이드 픽&롤을 연속으로 훈련한다

D는 A를 마크하는 수비수에게 스크린을 걸어 사이드 픽&롤을 한다. A는 슛이나 드라이브 혹은 롤 턴(메뉴 014)을 하는 B에게 가는 패스를 노린다. A가 B에게 패스할 수 없을 경우에는 C에게 패스한다. 45도에 있는 D는 C와 시선을 교환하며 반대쪽 사이드의 코너로 이동한다. 이때 E는 D가 있던 공간으로 이동한다. C는 E에게 패스하고 다시 사이드 픽&롤을 실시한다. 이 움직임을 반복하며 수비의 빈틈을 발견하면 공격한다.

✅ CHECK!
B는 첫 사이드 픽&롤 후에 패스를 받지 못하면 다음 공격을 전개하기 위해 톱으로 이동한다.

MENU 139	올 코트 공격
	3명 레이업

인원수	3명 이상
장소	코트 전체
레벨	초급

> **목표** 수비에서 재빠르게 공격으로 전환하는 트랜지션 공격의 기본 메뉴. 패스 타이밍, 높이, 힘에 주력하면서 연습을 구성하면 좋다.

① A와 B가 달리면서 패스를 주고받다가 마지막에 C가 슛을 넣는다

A, B, C 모두가 골대를 향해 달린다. B는 달리면서 A에게 패스한다. A도 달리면서 B에게 패스한다. B가 앞에서 달리는 C에게 패스하면 C가 슛을 던진다. A가 리바운드를 잡는다.

② 3명이 포지션을 바꿔서 같은 패턴을 반대쪽 코트를 향해 실시한다

A가 리바운드를 잡으면 슛을 쏜 C에게 패스하며 달리고, C는 다시 A에게 패스하며 달린다. A가 B에게 패스하면 B가 슛을 던지고, 리바운드는 C가 잡는다. 왕복하면 다음 조로 교대한다.

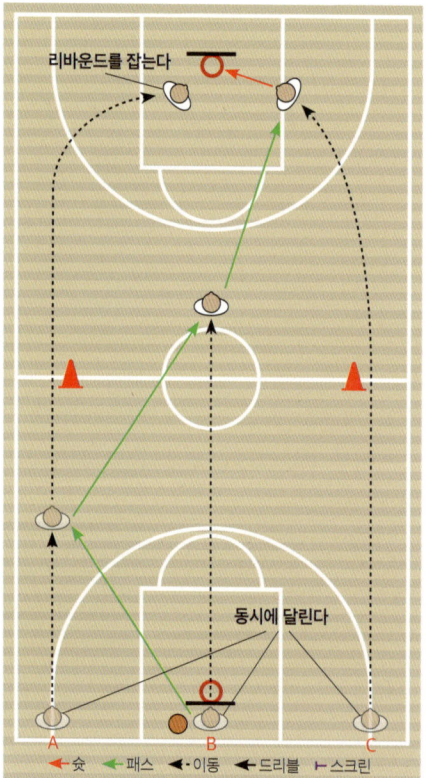

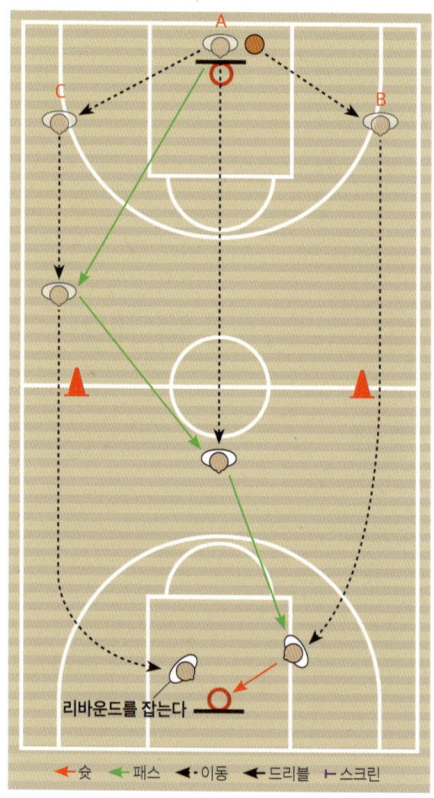

✅ **CHECK!** 콘은 코트를 가로로 8등분한 첫 번째 지점에 놓는다. A와 C는 콘 바깥쪽으로 달린다.

✅ **CHECK!** 마지막 선수가 드리블하지 않고 슛을 쏠 수 있도록 패스한다.

MENU 140 릴레이 레이업

올 코트 공격

인원수	8명 이상
장소	코트 전체
레벨	중급

3 팀 스킬(공격)

목표
상대 팀이 전열을 가다듬기 전에 재빨리 공격해서 득점을 노리는 '속공' 기술과 체력 향상을 도모하는 메뉴다. 1분간 골 성공 개수는 중학생은 15개, 고등학생은 20개로 설정하고 스피드와 정확성을 갈고닦는다.

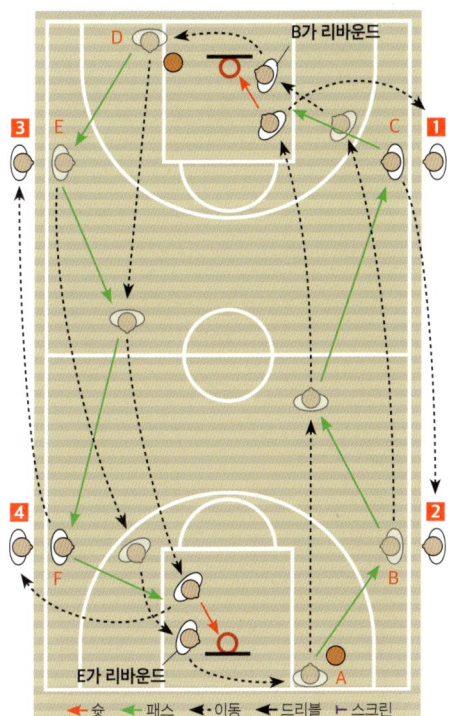

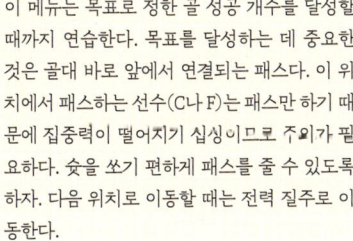

1. A는 B에게 패스한 후 전력 질주해서 하프 라인 앞에서 다시 패스를 받는다

A는 B에게 패스한 후 하프 라인을 향해 전속력으로 달리고, 다시 B에게 패스를 받는다. B는 A에게 패스한 후 A를 뒤쫓듯이 전력 질주한다.

☑ **CHECK!** 패스를 받고 싶은 곳을 손으로 가리켜서 확실하게 패스를 받는다.

2. A는 C에게 패스한 후 전력 질주하고 다시 C에게 패스를 받아 레이업 슛을 쏜다

A가 B에게 패스를 받으면 곧바로 C에게 패스하고, 골대를 향해 전력 질주한다. A는 C에게 다시 패스를 받아 레이업 슛을 쏜다. 반대쪽 사이드의 D, E, F도 동시에 순서대로 움직인다.

☑ **CHECK!** 목소리 높여서 서로 소통하며 연습한다.

3. 패스를 보내거나 슛이 끝나면 각각 지정된 곳으로 전력 질주해서 줄을 선다

슛을 쏘면, A → 1, C → 2, F → 3, D → 4 위치에 줄을 선다. B와 E는 리바운드를 잡은 다음 슈터가 된다. 줄을 섰을 때도 전력 질주해서 지정된 위치로 향한다.

☑ **CHECK!** 11명이 넘을 때는 볼 3개로 연습한다. 중학생이면 20골, 고등학생이면 25골 성공을 목표로 실시한다.

조언
이 메뉴는 목표로 정한 골 성공 개수를 달성할 때까지 연습한다. 목표를 달성하는 데 중요한 것은 골대 바로 앞에서 연결되는 패스다. 이 위치에서 패스하는 선수(C나 F)는 패스만 하기 때문에 집중력이 떨어지기 십상이므로 주의가 필요하다. 슛을 쏘기 편하게 패스를 줄 수 있도록 하자. 다음 위치로 이동할 때는 전력 질주로 이동한다.

MENU 141

올 코트 공격

스퍼즈식 연습

인원수	8명 이상
장소	코트 전체
레벨	중급

목표 골대로 전력 질주하는 동료에게 드리블하면서 적절한 타이밍에 패스하는 기술을 갈고닦는 메뉴다. 익숙해지면 슛하기 전에 픽&롤(메뉴 127) 등을 도입해서 연습하자.

1 B가 리바운드를 잡고 사이드 라인 쪽에 있는 A에게 패스한다

골밑에 대기 줄을 만들고 A와 B, C와 D가 동시에 시작한다. A는 백보드에 볼을 던지고, B가 리바운드를 잡는다. A는 사이드 라인 쪽으로 움직여 B의 패스(아웃렛 패스)를 받는다.

2 A는 지그재그로 드리블한 후 B에게 패스하고 B는 레이업 슛을 쏜다

B는 A에게 패스한 후 미들 레인을 전속력으로 달린다. A는 콘을 따라 지그재그로 드리블하고 골을 향해 달리는 B에게 패스한다. B는 패스를 받아 그대로 슛을 쏜다. C와 D도 같은 방법으로 훈련한다.

CHECK! 콘은 코트를 세로로 8분등한 첫 번째 지점에 놓는다. 아웃렛 패스는 신속하게 하는 것이 중요하다.

CHECK! 지그재그 드리블하는 중에도 B가 골대에 가까워지면 패스한다.

MENU 142	올 코트 공격	인원수	3명 이상
	2 대 1 속공	장소	코트 전체
		레벨	초급

> **목표** 속도감 있는 공격 속에서도 정확하게 상황을 파악하고 득점력을 높이는 훈련이다. 드리블하는 선수는 수비수(이하 DF)의 움직임을 파악해서 슛할 지, 패스할 지를 판단한다.

① **A가 드리블로 볼을 운반하고 풀 스피드로 2 대 1을 실시한다**

DF가 A에게 패스하면서 연습을 시작한다. A는 반대쪽 코트를 향해 드리블하고, B는 전속력으로 달려 들어가 2 대 1을 실시한다. DF는 혼자서 A, B의 공격을 최대한 막는다.

☑ **CHECK!** 콘은 코트를 세로로 8등분한 첫 번째 위치에 놓는다. 콘의 바깥쪽으로 달려서 넓은 공간을 활용해 공격하는 전략을 익힌다.

② **A는 DF의 움직임을 보고 슛 또는 패스를 선택한다**

A는 DF가 자신과 떨어져 있으면 드리블해서 슛을 쏜다. 반대로 DF가 다가오면 마지막까지 끌어들인 다음 B에게 패스해서 B가 노마크 상태로 슛을 던질 수 있도록 한다.

☑ **CHECK!** 연습 횟수와 골 성공 개수를 체크해 놓는다. 성공률은 90% 이상을 목표로 한다.

지도자 MEMO

'2 대 1 속공' 상황에서는 동료 선수와 자유투 라인 정도의 폭으로 거리를 벌려서 달리고, 패스를 주고받다가 슛을 노리는 것이 정석이다. 하지만 장신 선수가 많은 유럽에서는 그 정도 공간에서 패스를 주고받으면 혼자서 2명을 막을 수 있기 때문에 여기서 소개한 대로 더 넓은 공간을 활용해 공격하는 것이 일반적이다. 키가 크고 팔이 긴 빅맨이 있는 팀과 경기할 때를 대비해서 이러한 속공 전개를 익혀 두면 나중에 큰 도움이 될 것이다.

MENU 143

올 코트 공격

2 대 1과 3 대 2 속공

인원수	9명 이상
장소	코트 전체
레벨	중급

목표 갈 때는 2 대 1, 돌아올 때는 3 대 2 속공을 연습한다. 수비수들의 위치를 잘 파악하고 골대에서 가까운 곳에서도 노마크로 슛 기회를 만들도록 한다.

1 A, B, C 셋이서 2 대 1 속공을 한다

A와 B는 엔드 라인에서 프런트 코트(센터 라인을 기준으로, 공격하는 방향 쪽 코트)로 신속하게 공격하고, 대기하고 있던 C와 2 대 1을 하며 슛을 성공시킨다.

2 C를 추가한 3명에서 속공을 전개해 E, F와 3 대 2를 한다

①의 상황이 끝나고 C가 볼을 잡으면 공격수로 전환된다. A, B, C가 다시 반대쪽 코트로 공격하러 가고 E, F와 3 대 2를 실시한다. A, B, C가 하프 라인을 넘어가면 D는 코트에 들어가서 대기한다. 슛이 성공하면 E, F와 D가 2 대 1을 실시한다.

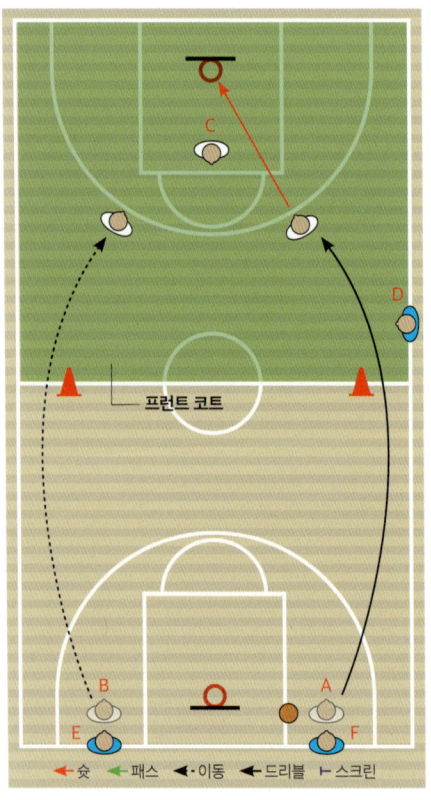

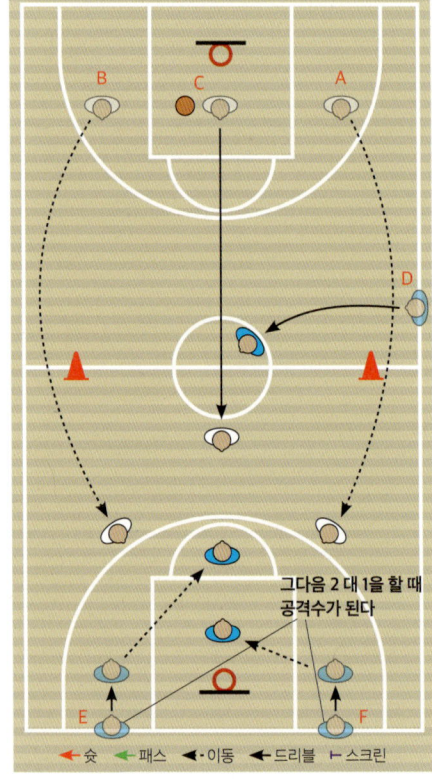

✓ **CHECK!** C와 D는 가드, E와 F는 포워드 또는 센터 포지션의 선수가 맡으면 좋다.

✓ **CHECK!** 3 대 2할 때 E와 F는 운동량이 많은 선수가 위, 큰 선수가 아래로 오는 세로(탠덤) 포지셔닝을 한다.

MENU 144	올 코트 공격	**2 대 1 컨티뉴 게임**	인원수	12명 이상
			장소	코트 전체
			레벨	초급

 메뉴 142, 143에 새로운 룰과 연속성을 더해 실시하는 응용 훈련이다. 2 대 1을 하면서 슛을 성공시키는 것이 가장 이상적이지만, 2 대 2 상황이 돼도 당황하지 말고 연계 플레이를 노린다.

① **A와 B가 프런트 코트로 공격에 나서고, C는 수비한다. D는 뒤늦게 수비에 가담한다**

A와 B는 프런트 코트로 볼을 나른다. 볼이 하프 라인을 넘어가면 D가 센터 서클 라인을 밟은 다음 수비에 가담한다.

☑ **CHECK!** A와 B는 D가 수비 위치를 잡기 전에 슛을 쏘는 것을 목표로 한다.

② **슛이 들어가면 C와 D가 공격수가 된다**

공격수(A, B)의 슛이 들어가면 A와 B는 코트 밖으로 나가고 E가 코트에 들어가 수비수 역할을 한다. C와 D는 공격수로 전환해 ①과 같은 흐름으로 진행한다. F는 볼이 하프 라인을 넘어가면 센터 서클 라인을 밟은 다음 수비에 가담한다.

☑ **CHECK!** 슛 개수나 시간을 정하고 팀전을 하면 분위기가 달아오른다.

지도자 MEMO

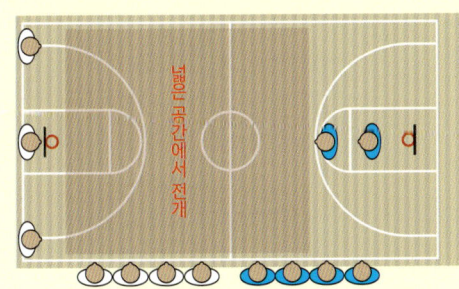

이 연습은 왼쪽 그림과 같은 포지션으로 서서 3 대 2 상황으로도 응용할 수 있다. 대학의 톱선수들은 15골을 넣는 것을 목표로 하고, 8골을 성공한 이후부터는 수비수가 적극적으로 압박 수비를 해도 좋다. 중고등학생이면 10골을 목표로 한다. 보다 강도 높고 뛰어난 상황 판단력이 요구되는 훈련이다.

MENU 145

올 코트 공격

4레인 브레이크

인원수	5명 이상
장소	코트 전체
레벨	상급

목표 코스 4개(레인)를 유지하며 달리는 것을 익히고 효율적인 속공을 전개하는 힘을 기른다. A는 가드, B와 C는 포워드, D와 E는 센터 포워드가 맡으면 연습이 수월하다.

1 D가 리바운드하고 A에게 패스해서 속공을 시작한다

E가 백보드에 볼을 맞추면 D가 리바운드를 잡아서 A에게 패스한다. A는 드리블하여 프런트 코트로 나아간 다음 B에게 패스한다. B는 레이업 슛을 쏜다.

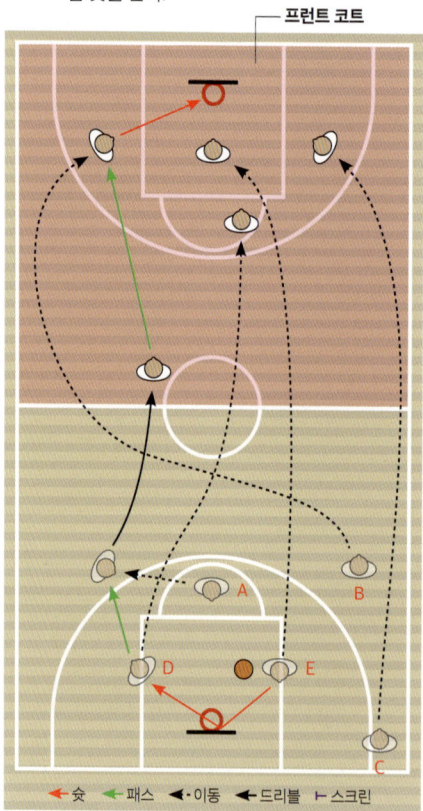

✅ **CHECK!** D는 자유투 라인을 밟은 다음 누구보다 빠르게 반대쪽 코트로 돌아간다.

2 D가 슛을 쏜 후 마지막 왕복은 자유롭게 플레이해도 좋다

다시 E가 리바운드를 잡아서 A에게 패스한다. A는 드리블한 다음 세미 서클 부근에서 골대를 등지고 기다리고 있는 D에게 패스한다. 달려오는 B와 C도 가담해서 자유롭게 공격한다.

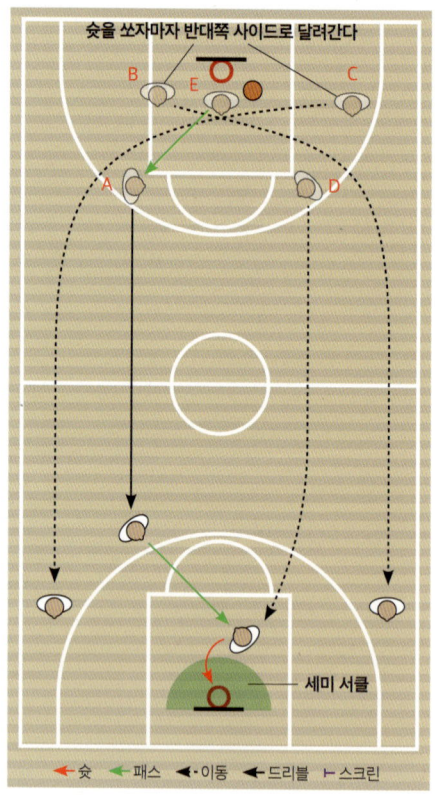

✅ **CHECK!** 현재 있는 레인을 따라 그대로 돌아간 다음 자유롭게 마무리 짓고 다음 조와 교대한다.

132

MENU 146

(올 코트 공격)

5 대 5 인지 연습

인원수	10명 이상
장소	코트 전체
레벨	상급

 목표 속도감 있는 전개 속에서 수비의 상황을 파악하고 서로 소통하면서 적합한 공격을 펼치는 힘을 기른다.

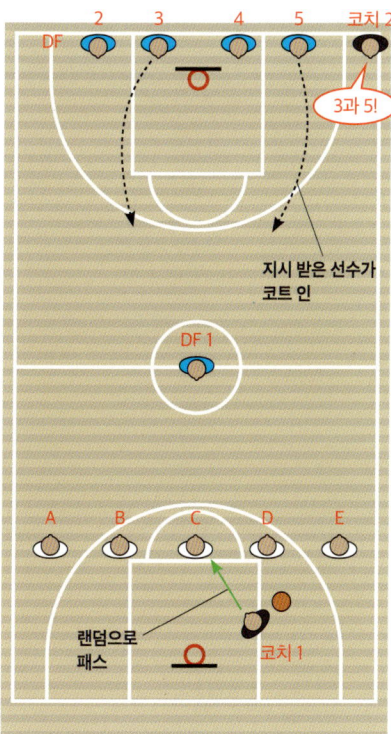

① **공격수는 코치 1에게 패스를 받아 힘차게 프런트 코트로 돌진한다**

코치 1은 A~E 중 한 명에게 패스하고, 5명이 속공을 한다. 코치 2는 엔드 라인에서 대기하는 수비수(이하 DF) 2~5 가운데 1~4명을 골라 수비를 지시한다.

✓ **CHECK!** 코치가 없다면 DF 2~5 중 한 명이 정해도 된다.

② **공격수는 DF의 인원수를 재빨리 인지하고 적절한 공격으로 득점을 노린다**

볼이 하프 라인을 넘어가기 전에 코치 2에게 호명된 DF 2~5가 코트에 들어간다. 공격수는 DF의 인원수를 빠르게 파악하고 공격한다.

✓ **CHECK!** 가드인 선수는 볼을 나르면서 신속하게 인원수를 파악하고 동료에게 전달한다.

조언

DF 인원이 적을 때는 수적으로 유리해 비교적 간단하게 득점할 수 있지만 4~5명이 나오면 픽&롤(메뉴 127) 같은 콤비네이션이나 세트 플레이를 활용해 득점을 노려야 한다. 팀원 모두가 같은 상황을 인지하고 같은 목표로 공격할 수 있도록 달리면서 확실하게 소통하도록 해야 한다.

MENU 147

올 코트 공격

피닉스 선즈식 게임

인원수	10명 이상
장소	코트 전체
레벨	상급

 목표 미국프로농구(NBA) 팀인 피닉스 선즈가 도입한 연습으로 샷 클락(24초룰)을 단축해서 실시한다. 속도감 있는 공방 감각과 체력을 향상시킬 수 있다.

샷 클락을 짧게 설정해서
5 대 5 공방을 실시한다

✅ CHECK!

샷 클락을 짧게 설정해서 5 대 5를 실시한다. 속공만 한다면 10초, 픽&롤(메뉴 127)이나 수비가 태세를 갖추기 전에 빠르게 공격하는 얼리※를 활용한다면 16초를 기준으로 한다. 전체 3분 동안만 실시해도 강도가 높다.

※드리블이나 패스로만 이루어진 단순한 공격으로 진행이 원활하지 않을 때 실시한다. 스크린이나 픽&롤을 사용한 2차 공격을 가리킨다.

COLUMN

5 대 5를 실시할 때의 고려 사항

팀 내에서 5 대 5를 실시할 때는 선수끼리 공략법을 고안하거나 수정할 기회를 주자. 5 대 5를 실시하기 전이나 중간에 1분 정도 회의 시간을 설정해서 '좀 전에 배운 픽&롤(메뉴 127)을 사용해 보자', '상대의 픽&롤을 컨테인(메뉴 161)으로 막아보자'처럼 작전을 짜고 그것을 수행하는 것을 목표로 한다. 지도자가 하나부터 열까지 모두 정해주기만 하면 선수가 자주적으로 생각할 기회를 빼앗게 된다. 선수들이 이 시간을 주체적으로 만드는 것이 그들의 성장에 큰 도움이 될 것이다. 대회가 먼 시기에는 실력을 고려하지 않고 팀을 나누는 것이 좋다. 경험이 풍부한 선수가 그렇지 않은 선수에게 조언하거나 미리 짜 놓은 작전을 실전에서 쓰도록 유도하면 팀에도 좋은 자극이 된다.

제 **4** 장

팀 스킬

수비

팀 수비에서 중요한 포인트는 공격수의 움직임에 대응(포지셔닝)하고, 공격수의 허를 찌르며(예측력), 공격으로 전환(리바운드)하는 것이다. 포지셔닝의 개념(메뉴 148)에서 수비의 기본을 배우고, 점프 투 더 갭(메뉴 152)으로 볼의 흐름을 예측하는 힘을 기른 다음, 보디 업(메뉴 150)을 연습해서 리바운드를 따내 공격으로 전환할 수 있도록 하자.

인원수	5명
장소	하프 코트
레벨	초급

하프 코트 수비

MENU 148 수비 포지셔닝의 개념

목표 볼과 상대 선수들이 빠르게 움직이고 있는 중에도 정확한 포지셔닝을 취해 상대 선수를 노마크로 만들지 않는 것이 팀 수비의 가장 큰 목표다. 끊임없이 동료와 소통하며 막는 것이 중요하다.

볼 소유자를 철저하게 막는
볼맨 포지션

마크하는 상대가 볼을 가지고 있는 경우의 포지션(A를 수비). 골대와 볼맨을 잇는 라인 위에 서서 한 팔 정도 거리에서 막는다.

☑ **CHECK!**

상대와 골대를 잇는 라인 위에 서는 것으로 슛과 드리블 돌파, 2개의 공격 패턴에 대응할 수 있다.

볼맨과 자신이 마크하는 상대를 막는
갭 포지션

마크하는 상대(B, C)와 볼맨(A)이 한 번의 강한 패스로 연결될 수 있는 거리(원패스 관계)에 있을 때 취하는 포지션. A, B 또는 A, C 중간에서 몇 걸음 물러난 곳에 서서 두 사람을 막는다.

☑ **CHECK!**

마크하는 상대가 드리블 돌파보다도 패스를 주로 하는 선수라면 두 사람의 패스 코스에 손을 뻗는 디나이(메뉴 105)로 막는다.

3명의 선수를 혼자서 막는
헬프 포지션

마크하는 선수(D)와 볼맨(A)이 패스를 2번 해야 할 정도로 떨어져 있을 때의 포지션이다. 이 경우에는 B와 D의 중간 지점에서 조금 더 A에 가까운 위치에 자리를 잡는다. A, B, D 3명을 의식하며 수비한다.

☑ **CHECK!**

드리블 돌파보다 패스를 주로 하는 팀이라면 좀 더 앞으로 나와서 페인트 존 라인 위에 포지션을 잡아도 된다.

MENU 149

하프 코트 수비

2 대 2 클로즈 아웃

인원수	4명 이상
장소	골밑
레벨	초급

목표 클로즈 아웃(메뉴 094)을 2 대 2로 연습하며 갈고닦는다. 시합을 염두에 두고 24초 동안(24초룰) 계속해서 플레이한다.

① A와 B는 패스할 때마다 공격수(이하 OF)와의 거리를 좁힌다

OF 1과 OF 2는 패스 주고받기를 반복한다. A와 B는 패스가 오갈 때마다 클로즈 아웃으로 OF와의 간격을 단숨에 좁힌다.

② OF 1의 드라이브를 B가 커버하고, A는 OF 2를 클로즈 아웃한다

패스 주고받기를 여러 번 반복한 다음 OF 1은 골밑으로 드리블(드라이브)한다. B는 OF 1을 따라가고 A는 헬프로 들어온다. B가 막고 있는 상태※에서 OF 1이 OF 2에게 패스할 경우, A는 OF 2를 클로즈 아웃한다.

※B가 따라가지 않고 A가 OF 1을 마크하는 상태라면 OF 1이 OF 2에게 패스할 때 B가 OF 2를 클로즈 아웃한다.

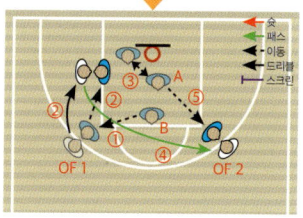

COLUMN

승리를 손에 넣기 위한 마음가짐

필자가 NKK※선수로 활동하던 시절, 그리고 미국에서 코치 과정을 공부했을 때 당시 스승이었던 데이브 야나이 코치에게 코치가 갖춰야 할 많은 철학을 배웠다. 그 중에는 지금도 신념으로 삼고 있는 것이 있는데, 바로 '수비, 리바운드, 루즈 볼이 팀을 승리로 이끌어준다'는 생각이다. 득점에 성공하지 못하면 이길 수 없다. 그러나 상대가 득점하지 못하게 하면 지는 일도 없다. 또 공격은 그날 컨디션에 따라 슛이 들어가지 않을 가능성도 있다. 그럴 때는 하나의 볼을 5명이 서로 소통하고 협력하면서 끈질기게 지켜내면 크게 무너지는 일 없이 반드시 승리할 기회가 찾아온다. 그리고 그것을 뒷받침하는 수단으로 시합 중에 한데 모여서 마음과 작전을 공유하는 시간(작전 타임)이 필요하다. 그 시간을 통해 모두의 마음을 하나로 모으면 다음에 해야 할 것들에 집중할 수 있다.

※NKK 시 호크스. 64p 칼럼 참고.

MENU 150	하프 코트 수비	인원수	5명 이상
	2 대 2 보디 업	장소	하프 코트
		레벨	초급

목표 공격수(이하 OF) 1명에게 수비가 2명 붙는 더블 팀이나 골밑에서 슛을 쏘려는 선수에게 팔을 뻗어서 압박하는 슛 체크를 할 때 사용하는 기술이다. 빠르게 OF와 거리를 좁히고 파울을 피하기 위해 두 팔을 올려 수비 자세를 잡는다.

OF 1이 OF 2나 OF 3에게 패스한다

☑ **CHECK!**
A와 OF 1은 아웃사이드, B, OF 2, OF 3은 인사이드 포지션의 선수가 맡는다.

B는 OF 2와 접촉하고 A는 골밑으로 내려간다

☑ **CHECK!**
B는 OF 2를 마치 감싸는 듯한 자세로 간격을 좁히고 두 팔을 올리며 접촉(컨텍트)한다.

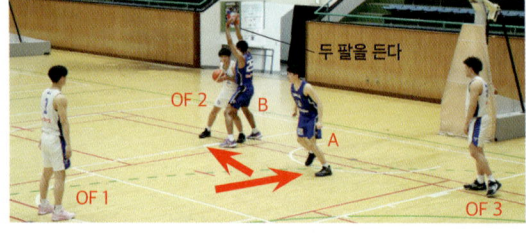

OF 2가 슛을 하면 A와 B는 OF를 페인트 존 밖으로 밀어낸다(박스 아웃)

☑ **CHECK!**
OF 2가 슛을 하면 B는 팔을 귀 옆으로 쭉 뻗어 올린다.

A가 리바운드를 잡는다

☑ **CHECK!**
A는 실전을 의식하며 확실하게 리바운드 포지션(박스 아웃)을 잡는다.

MENU 151 — 2 대 2 리바운드

(하프 코트 수비)

인원수: 4명 이상
장소: 하프 코트
레벨: 초급

목표
볼맨과 자신이 마크하는 상대를 적합한 포지션에서 막는 훈련에 리바운드와 루즈 볼(아무도 볼을 소유하지 않은 볼)의 요소를 더한 것이다. 동료와 서로 소통하면서 수비 연계를 높이자. 쉴 새 없이 진행하기 위해 A'와 B' 뒤에 3명 정도 줄을 서서 대기한다.

[코치 1이 시작 신호를 보낸 경우]
A는 두 팔을 벌려서 갭, B는 손을 뻗어서 디나이 자세를 취한다

A는 A', B는 B'를 마크하는 선수(마크맨)로 설정한 상태에서 시작한다. 코치 1이 시작 신호를 보내면 A는 두 팔을 벌려서 갭(메뉴 104) 자세를 취하고, B는 패스 코스에 손을 뻗는 디나이(메뉴 105) 자세를 취한다.

☑ **CHECK!**
A, B는 "갭!", "디나이!" 하고 외친다.

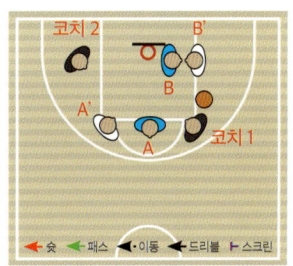

[코치 1이 코치 2에게 패스한 경우]
A는 두 팔을 벌려서 갭 자세, B는 헬프 포지션을 취한다

코치 1이 코치 2에게 패스하면 A는 두 팔을 벌려서 갭 자세를 취하고, B는 헬프 포지션으로 이동한다. 코치 1과 코치 2는 여러 번 패스를 주고받고 A와 B는 수비 포지셔닝(메뉴 148)에 맞춰 수비한다.

☑ **CHECK!**
B가 헬프 포지션을 취할 때도 "헬프!" 하고 외친다.

[코치 1이 슛을 던진 경우]
A와 B는 각각 공격수(A', B')를 등지고 페인트 존으로 들어오는 것을 막는다

패스를 여러 번 주고받다가 코치 1이 슛을 던진다. A는 A', B는 B'에게 등을 돌려 A'와 B'가 페인트 존에 들어오지 못하도록 막으며(박스 아웃) 리바운드를 잡는다.

☑ **CHECK!**
A와 B의 위치를 바꿔서 같은 패턴을 반복한 후에 다음 선수로 교대한다.

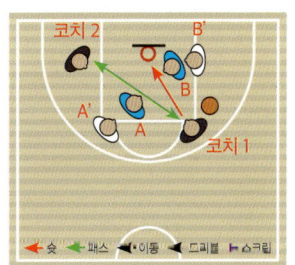

때로는 루즈 볼 연습을 넣어도 좋다

코치는 일부러 볼을 코트 밖으로 던지기도 한다. 이때는 볼 근처에 있는 선수가 전속력으로 달려 볼을 잡고 코트 안에 넣으면 다른 1명이 그것을 받는다.

☑ **CHECK!**
뒤에서 지원하는 선수(A)는 자기 존재를 큰소리로 전한다. 목소리가 들리면 B는 패스하고, 들리지 않으면 준비가 되지 않은 것이니 패스하지 않는다.

MENU 152 — 하프 코트 수비

2 대 2 점프 투 더 갭①

인원수	2명 이상
장소	제약 없음
레벨	초급

목표 정확한 볼맨 포지션과 갭 포지션을 신속하게 잡기 위한 훈련이다. 시합 중에 자연스럽게 의사소통할 수 있도록 연습할 때도 큰소리를 내면서 실시한다.

1. A는 볼맨 포지션, B는 갭 포지션으로 막는다

☑ CHECK! A는 "볼!", B는 "갭!" 하고 계속 크게 외친다.

2. 코치 2가 패스를 받으면 A와 B는 포지션을 바꾼다

☑ CHECK! A는 갭 포지션, B는 볼맨 포지션이 된다.

3. 코치 2가 패스하면 다시 A는 볼맨, B는 갭 포지션으로 이동한다

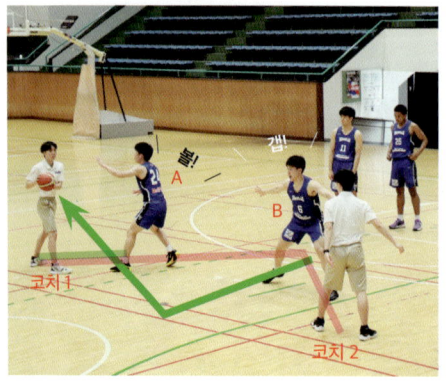

☑ CHECK! A는 다시 볼맨 포지션으로 이동한다. 코치는 드리블한 후에 패스해도 된다.

4. 코치의 "체인지!" 명령에 다음 조와 교대한다

☑ CHECK! 큰소리로 소통하며 연습했다면 뒤에서 대기하던 다음 조와 교대한다.

MENU 153 — 2 대 2 점프 투 더 갭②

(하프 코트 수비)

인원수	4명 이상
장소	하프 코트
레벨	초급

목표 메뉴 152를 연습한 후에 실시한다. 센터를 맡아서 수비하거나(포스트 수비), 동료의 수비를 커버하러 들어가거나(헬프 수비), 2 대 1로 막을 때(더블 팀)처럼 복잡한 요소를 추가한 메뉴다. 반복 연습해서 신속하고 정확한 포지션으로 이동하는 힘을 기르자.

① 공격수(이하 OF) 2명이 패스를 3번 주고받고 이를 A, B가 막는다

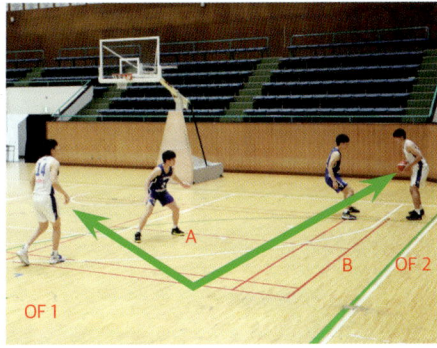

CHECK! A는 발을 교차하지 않고 옆으로 이동하는 슬라이드 스텝을 밟는다. 스텝의 첫걸음은 점프하듯이 크게 내디딘다.

② OF 1은 골대로 뛰어 들어가고 A는 OF 1의 움직임을 온몸으로 막는다

CHECK! A는 OF 1에게 몸을 밀착시키면서(범프: 메뉴 096), 패스 코스에 손을 뻗어(디나이: 메뉴 105) 수비한다.

③ A는 OF 1의 앞을 가로막아 OF 2의 패스를 막는다

CHECK! A는 OF 1을 페인트 존(136p 참고)에 가둬 두는 것을 목표로 계속 접촉한다.

④ OF 2가 B의 방어를 빠져나가면 A도 OF 2의 수비에 가담한다

CHECK! OF 2가 B의 방어를 빠져나가면 A는 B를 커버하러 들어가 더블 팀을 실시한 다음 다시 OF 1의 수비로 돌아간다.

인원수	8명 이상
장소	하프 코트
레벨	초급

하프 코트 수비

3 대 3 리바운드①

목표 상대 팀이 슛을 쐈을 때 신속하게 자신이 수비하고 있는 상대를 리바운드에 불리한 위치로 몰아넣는다. 수비하는 상대를 바꾸면서 연습하여 체격 차이가 있는 선수를 막는 법도 익히자.

① 코치들이 주고받는 패스에 맞춰 A~C는 적합한 포지션을 취한다

코치는 패스를 주고받는다. A~C는 볼과 자신이 마크하는 선수를 막는 포지션을 취하고 볼이 움직일 때마다 위치를 바꾼다.

② 슛 → 리바운드를 마크 상대를 바꿔서 3번 연습한다

코치가 슛을 쏘면 A~C가 리바운드를 잡고, 코치에게 패스한다. 그다음 마크 상대를 바꿔서 같은 방법으로 연습한다. 공격수(OF)가 리바운드를 잡으면 슛 쏘는 것을 막는다. 이 패턴을 3번 반복한다.

인원수	3명 이상
장소	하프 코트
레벨	초급

하프 코트 수비

3 대 3 리바운드②

목표 리바운드의 기본은 자신이 마크하는 상대를 불리한 위치로 몰아넣는 것이지만 경기 중에는 불가능할 때도 있다. 그럴 경우에는 자신이 마크하는 상대가 아닌 다른 공격수(이하 OF)라도 막으러 간다. 경기 중에는 마크가 붙지 않은 선수를 박스 아웃해야 하는 상황도 있는데, 그것을 염두에 둔다.

막는 상대를 좌우로 바꿔서 리바운드를 잡는다

① 코치는 패스를 주고받는다.
② A~C는 볼의 움직임에 맞춰 적합한 포지션을 취한다.
③ 코치가 슛을 쏜다.
④ A~C는 자기 왼쪽에 있는 OF를 페인트 존 밖으로 밀어내고 리바운드를 잡는다(박스 아웃).
※OF가 리바운드를 잡으면 슛을 쏘지 못하게 막는다.
⑤ A~C가 리바운드를 잡으면 코치에게 패스한다.
⑥ 마크 상대를 바꿔서 다시 ①~⑤를 연습한다.
⑦ ①~⑥을 3번 반복하면 ④의 박스 아웃을 실시하는 상대를 오른쪽 OF로 바꾼 다음 ①~⑥을 3번 반복한다.

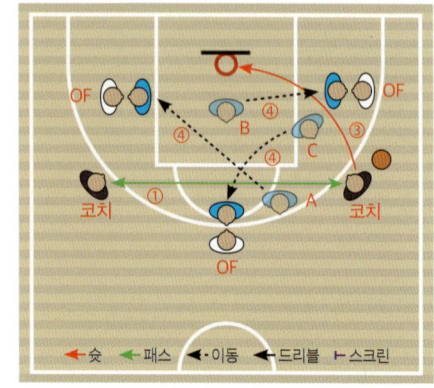

인원수	6명 이상
장소	하프 코트
레벨	초급

MENU 156 (하프 코트 수비)

3 대 3 펀치&패스

4 팀 스킬(수비)

목표 펀치란 원 드리블을 가리킨다. 수비는 "볼!", "갭!", "헬프!" 등을 외치며 자신의 역할을 동료에게 알리고, 서로 소통하면서 적합한 포지션에서 막는다.

① 코치는 A, B, C의 뒤에서 공격수(이하 OF)에게 패스한다

OF 1에게 패스하면 A는 전속력으로 달려가 두 팔을 위로 올리고 OF 1과 거리를 좁힌다(클로즈 아웃: 메뉴 094). B는 갭 포지션에서 패스 코스를 막고 C는 헬프 포지션에서 드리블 돌파에 대비한다.

✓ CHECK!

A, B, C는 코치가 어디로 패스할지 모르기 때문에 패스하는 순간에 각자 역할을 크게 외친다.

② A~C는 OF 1~3이 패스로 볼 돌리는 것을 막는다

OF는 원 드리블하면서 패스를 돌리다가 코치가 손을 올리면 슛을 쏜다. A~C는 자신이 마크하는 OF를 등지고 그들이 페인트 존으로 들어가지 못하게 막는다(박스 아웃).

✓ CHECK!

OF는 패스 또는 원 드리블한 후에 패스를 진행한다. 코치의 슛 신호는 OF만 알고 있으니 신호가 떨어지면 OF는 슛한 다음 리바운드하러 들어가고 A~C는 OF를 박스 아웃한다.

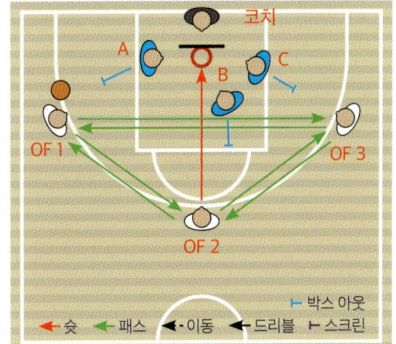

조언

이 연습은 골대에서 가까운 지역(인사이드)을 중심으로 좁은 범위를 막는 '백 라인 수비'의 기본이 되기 때문에 수비 훈련에서 빼놓을 수 없는 연습이다. 클로즈 아웃으로 간격을 좁히고 재빨리 갭 포지션을 취해 상대가 드리블로 림을 향해 가는 것을 막는다. 또한 베이스 라인 쪽으로도 가지 못하게 동료와 서로 소통하며 막는다.

MENU 157 〔하프 코트 수비〕

3 대 3 패스&커팅

인원수	6명 이상
장소	하프 코트
레벨	초급

목표 농구를 하는 데 있어서 무엇보다 중요한 공격과 수비를 재빨리 전환하는 자세를 습득한다. 빠른 속도로 실시한다.

① 공격수(이하 OF) 1은 OF 3에게 패스하고 빠르게 이동한다

OF 1은 OF 3에게 패스하고 반대 방향으로 재빨리 이동(커팅)한다. 이때 OF 2는 OF 1의 위치로 이동해서 OF 3에게 패스를 받는다. B는 OF 1의 커팅을 커버하면서 OF 3과 OF 2의 갭 포지션으로 이동한다.

☑ **CHECK!**

A는 OF 2에게 몸을 밀착한 상태로(범프: 메뉴 096) 골 밑으로 들어가는 것을 막고, OF 2와 OF 3의 패스 코스에 손을 뻗어(디나이: 메뉴 105) 수비한다. C는 OF 3에게 붙는다.

② 반대쪽 사이드에서도 같은 패턴을 연습하고 코치의 신호에 맞춰 3 대 3을 실시한다

OF 2는 OF 1에게 패스하고 재빨리 OF 3의 위치로 이동(커팅)한다. 이때 OF 3은 OF 2의 위치로 이동해서 OF 1에게 패스를 받는다. 여러 번 반복한 다음 코치의 신호에 따라 실제 경기하듯이 3 대 3을 실시한다.

☑ **CHECK!**

OF가 슛을 성공시키거나 수비수 A~C가 리바운드를 잡을 때까지 3 대 3을 실시한다.

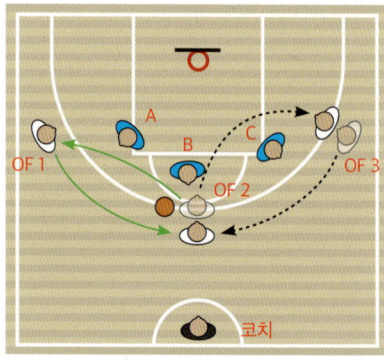

③ A~C가 볼을 주워서 다음 조의 OF에게 패스한다. 현재 OF는 수비수(DF)가 돼서 훈련을 이어간다

3 대 3이 끝나면 A~C 중 1명이 볼을 주워서 다음 조의 OF에게 패스한다. 이전에 OF였던 3명은 수비수(파란색 유니폼)가 되어 다시 훈련을 시작한다. 이전에 수비수였던 선수는 코트에서 나간다.

☑ **CHECK!**

어떤 선수를 마크하며 수비할지 소통하여 빠르게 정한다.

인원수	5명 이상
장소	하프 코트
레벨	중급

MENU 158

[하프 코트 수비]

2 대 2 스크린 브레이크

목표 서로 소통하면서 공격수(이하 OF)의 스크린(메뉴 122)을 빠져나간다. 스크린을 거는 선수의 수비수는 ELT(Early=빨리, Loud=크게, Talk=말한다)를 철저하게 지킨다.

① A와 B는 스크린을 끊임없이 거는 OF 1과 OF 2를 12초 동안 계속 막는다

타이머를 12초로 설정한다. OF 1과 OF 2는 A와 B를 핀으로 고정시키듯이 스크린(핀다운)을 건다. A와 B는 스크린에 걸리지 않도록 B는 OF 1을, A는 OF 2를 따라간다.

☑ **CHECK!**
스크린을 걸러 갈 때는 "스크린!"하고 크게 외친다.

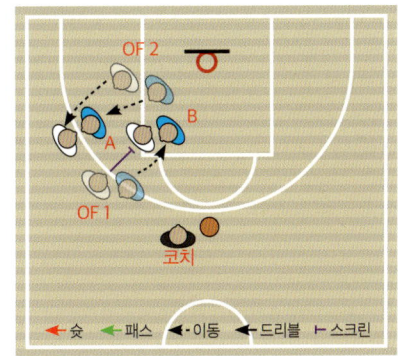

② 각도를 바꿔서 엔드 라인 쪽을 향한다. 다운 스크린으로 같은 패턴을 연습한다

각자 그림의 위치로 이동하고 이번에는 엔드 라인 쪽을 향해 다운 스크린을 12초 동안 건다. A는 출발 위치에 도착하면 스크린의 컬 라인을 커버한다.

☑ **CHECK!**
코치는 톱으로 올라온 OF 2에게 패스하거나 강하게 원 드리블한다.

조언

백 스크린, 플레어 스크린을 조합해서 훈련을 구성해도 좋다. A는 OF 아래쪽을 벗어나지 않고(스크린 브레이크), B는 볼과 막아야 하는 상대를 모두 볼 수 있도록 몸을 열어서 패스하는 사람을 보며 커버한다.

[백 스크린]

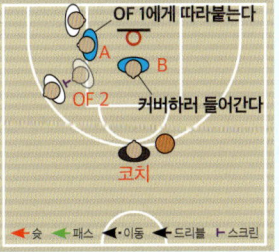

[플레어 스크린]

2 대 2 필 스위치

하프 코트 수비

인원수	5명 이상
장소	하프 코트
레벨	중급

목표 마크하는 상대를 바꾸는 '스위치' 연습. 앞을 바라보는 상태로 후진하는 '백 페달'은 다양하게 응용할 수 있을 뿐만 아니라 드리블 돌파(드라이브)하는 상대 공격수(이하 OF)의 판단을 늦추는 효과도 있다.

OF 1이 드리블로 돌파하면 A와 B는 수비하는 선수를 바꾼다

① 코치가 A에게 스크린을 건다.
② OF 1은 스크린을 활용해서 드리블한다.
③ B는 뒷걸음치며 내려가 OF 1의 움직임에 대비한다.
④ OF 1은 OF 2에게 패스한다.
⑤ A는 코너에 있는 OF 2를 막으러 간다(스위치).

☑ **CHECK!**
A는 OF 1의 등이 보이면 바로 B에게 "스위치!"하고 외친다.

지도자 MEMO

연습할 때 만약 코치가 뒤쪽에서 건 스크린을 A가 빠르게 빠져나가면 A는 자신이 마크하는 선수(OF 1)에게 돌아갈 수 있기 때문에 굳이 스위치를 할 필요가 없다. A와 B가 상황을 파악하고 서로 소통하면서 수비하는지를 확인하자.

조언

OF 2가 패스를 받아 노마크로 3점 슛 던지는 상황을 막으려면 B가 OF 1을 막기 위해 앞으로 달려나가지 않는 것이 중요하다. 앞을 보며 백 페달로 내려가서 OF 1의 드리블 돌파나 OF 2의 3점 슛을 저지할 수 있도록 하자. 내려가는 도중에 OF 2에게 패스가 전달되면 스위치를 하지 않아도 된다.
여기서 소개한 상황은 경기 중에도 여러 번 연출되니 잘 연습하자. 스크린에 걸리는 바람에 마크가 늦어지더라도 헬프&리커버리(메뉴 160)나 스위치를 잘 활용하면 전열을 가다듬을 수 있다. 농구는 팀 스포츠이기 때문에 누군가가 실수할지라도 서로 도와가며 5 대 5 상황을 만들면 된다.

인원수	6명 이상
장소	하프 코트
레벨	중급

MENU 160

(하프 코트 수비)

2 대 2 헬프&리커버리

목표 동료의 수비를 돕고 나서 자신이 마크하는 상대의 수비로 돌아가는 헬프&리커버리를 연습한다. 동료를 도운 다음 재빨리 본래 수비 위치로 돌아가는 능력을 기른다.

① 공격수(이하 OF) 1이 OF 2를 마크하는 B에게 스크린을 걸고 A와 B는 계속 각자 맡은 상대를 마크한다

OF 1은 엘보를 경유해서 엔드 라인 쪽을 향해 B에게 스크린을 건다(다운 스크린). A는 스크린을 알아챘다면 "빨리·크게·말하기"(ELT)로 B의 주의를 환기시킨다. A는 OF 1을, B는 OF 2를 따라간다.

☑ **CHECK!**

A가 볼을 보지 않는다면 코치 1은 직접 드라이브를 걸어서 슛을 성공시킨다.

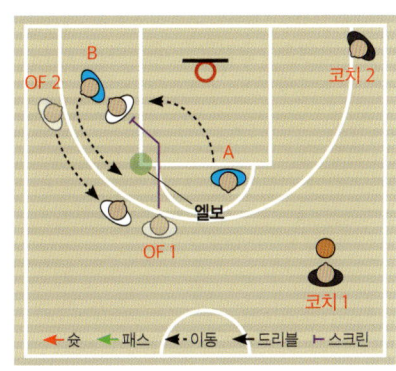

② 코치 1은 코치 2에게 패스하고 코치 2는 드리블로 골대를 향한다

코치 2는 패스를 받으면 드리블하여 골밑으로 들어가고 A는 코치 2의 돌파를 저지하러 간다. OF 1과 OF 2는 포지션을 교대하고, B는 코치 2와 OF 2의 상황을 동시에 확인할 수 있는 헬프 포지션을 취한다.

☑ **CHECK!**

A는 두 팔을 높이 올려서 보디 업(메뉴 150)으로 코치 2의 드라이브를 강하게 압박한다.

③ 코치 2가 OF 1에게 패스를 건네면 B는 전속력으로 달리며 두 팔을 올려서 OF 1을 막는다

코치 2가 OF 1에게 패스하면 B는 OF 1을 향해 전력질주하면서 두 팔을 올리고(클로즈 아웃: 메뉴 094), A는 OF 2를 막는다. OF 1이 3점 슛을 던지면 A, B는 OF에게 등을 돌려서 리바운드(박스 오프)한다. OF 1은 OF 2에게 엑스트라 패스※를 해도 좋다.

☑ **CHECK!**

OF 1이 OF 2에게 패스하면 A는 클로즈 아웃으로 단숨에 간격을 좁혀서 OF 2를 마크한다.

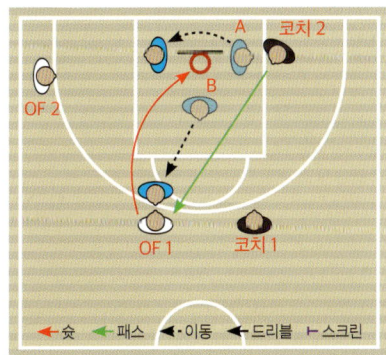

※볼을 잡은 OF가 슛을 던질 수 있는 상황에서 다시 패스를 돌리며 더욱 성공하기 좋은 상황에서 슛을 쏘도록 하는 것을 가리킨다.

하프 코트 수비

픽&롤 방어법(컨테인)

인원수	4명 이상
장소	코트 위
레벨	상급

목표 동료의 스크린을 활용해 볼을 가진 선수가 프리가 되는 픽&롤(메뉴 127). 이 전술을 막을 때는 수비가 후퇴(백 페달)하면서 스크린을 활용하는 선수 및 거는 선수 2명을 막는 '컨테인'이 효과적이다. 다양한 상황에서 재정비하는 데 도움이 되므로 반드시 익히자.

① 공격수가 손쉽게 픽&롤하러 가지 못하게 한다

☑ **CHECK!**

B는 스크린을 거는 선수(스크리너)에게 접촉한다. A는 타이밍을 맞춰 스크린을 활용하는 선수(유저)의 진행 방향을 좁힌다.

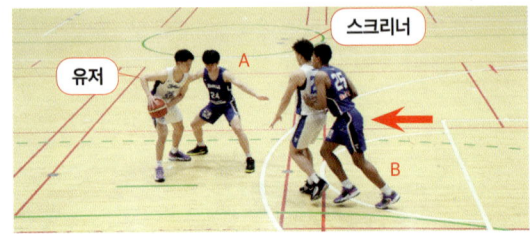

② 유저가 드리블로 돌파를 시도한다

☑ **CHECK!**

B는 앞으로 뛰어나가지 말고 차분하게 유저의 움직임을 관찰한다.

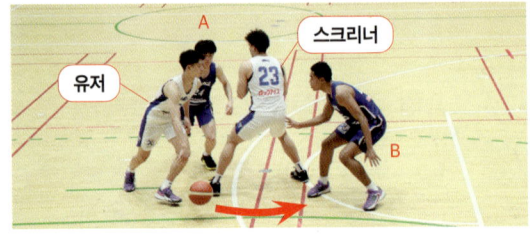

③ B는 앞을 향한 채 뒷걸음치며 내려간다

☑ **CHECK!**

B는 유저와 스크리너 양쪽을 확인할 수 있도록 비스듬하게 오른쪽 대각선 방향으로 내려간다.

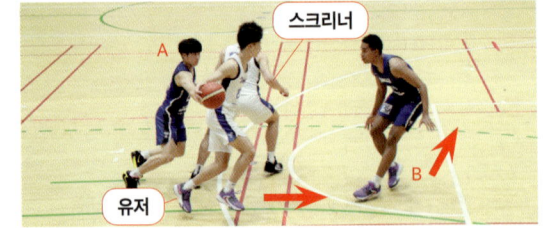

④ B는 유저와 스크리너를 혼자서 막는다

☑ **CHECK!**

유저를 수비한 후에는 적절한 타이밍에 스크리너의 마크로 돌아간다. 그때는 반드시 소리를 치며 동료에게 전달한다.

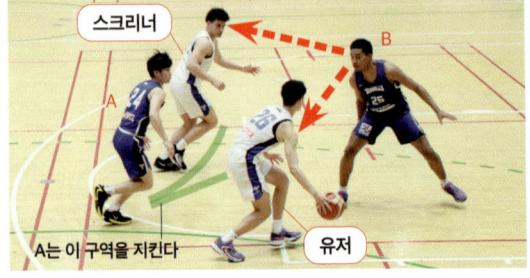

MENU 162	하프 코트 수비	인원수	4명 이상
	픽&롤 방어법(스텝 아웃)	장소	코트 위
		레벨	중급

> **목표** 픽&롤로 스크린을 활용하는 선수를 압박하여 수비하는 기술이다. 수비 2명이 적절한 타이밍에 움직이지 않으면 실책을 범하기 쉬우므로 반복해서 연습하자.

 B는 스크린을 거는 선수(스크리너)의 뒤에서 2걸음 전진한다

☑ **CHECK!**

골대를 옆에 두고 스크린을 활용하는 선수(유저)를 자신의 정면에 잡아둔다.

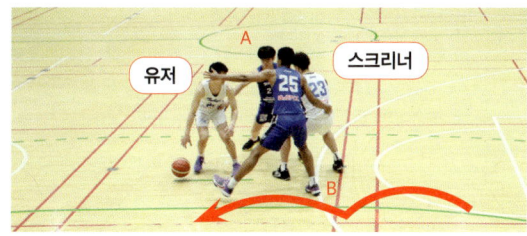

 A는 공격수의 사이를 빠져나간다

☑ **CHECK!**

B는 볼에 손을 뻗어서 유저의 패스를 방해한다.

③ **A는 유저의 드리블 돌파를 저지한다**

☑ **CHECK!**

A는 두 팔을 크게 움직이며 유저의 드리블을 방해하고, B는 스크리너를 마크하러 간다. 이때 서로 부딪히지 않도록 공간을 잘 확보한다.

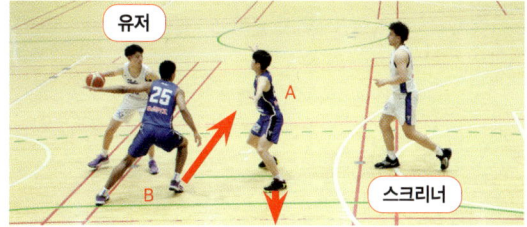

 B는 두 팔을 올리고 크로스로 움직여 스크리너를 마크하러 돌아간다

☑ **CHECK!**

A는 두 팔을 올린 채 유저와 거리를 좁힌다. 너무 달려 나가면 유저가 빠져나갈 수 있으므로 주의한다.

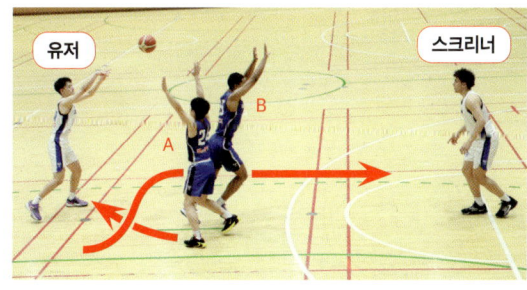

인원수	7명 이상
장소	하프 코트
레벨	초급

하프 코트 수비

4 대 3 클로즈 아웃

목표 골대에서 먼 위치에서 던진 아웃사이드 슛은 70퍼센트가 던진 사람의 반대쪽 사이드에 떨어진다고 한다. 이 것을 활용해서 수적으로 불리한 상황에서도 리바운드를 빼앗을 기회를 늘린다.

① 코치가 공격수(이하 OF)에게 패스한다

코치가 패스하면 OF와 A~C는 바로 각자 그림의 포지션으로 이동한다. 볼을 가진 OF와 가까운 수비수는 두 팔을 올리며 전속력으로 달려가 거리를 좁힌다(클로즈 아웃: 메뉴 094).

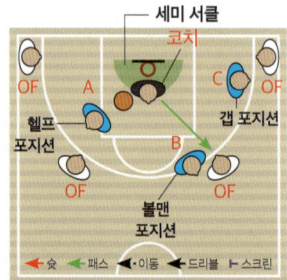

② OF는 14초 동안 패스를 돌리다가 슛을 쏜다

OF가 패스를 돌리면 A~C는 수비 포지셔닝을 염두에 두고 움직인다. 14초가 지나면 OF는 슛을 쏜다. 슛을 쏘는 OF와 반대쪽 사이드에 있는 수비수(A, B)는 OF 2명이 페인트 존으로 진입하는 것을 막고(박스 아웃), 리바운드를 잡는다.

MENU 164

(하프 코트 수비)

4 대 4 셸 디펜스

인원수	8명 이상
장소	하프 코트
레벨	중급

목표 동료를 돕고 자신이 마크하는 상대의 수비로 돌아가는 헬프&리커버리를 철저하게 하여 마치 조개껍데기처럼 단단하게 막는 것을 셸 디펜스라고 한다. 큰소리로 소통하면서 바른 위치에 포지션을 잡고 빈틈없이 수비하자.

① 코치가 공격수(이하 OF)에게 패스하면 시작한다

A~D는 세미 서클 안에서 기다리고, 코치가 OF 중 한 선수에게 패스한다. OF는 그 자리에서 패스를 돌리고 A~D는 패스에 반응해 적절한 포지션을 취하며 수비한다.

☑ **CHECK!**
수비는 "볼!", "갭!", "헬프!" 하고 외치며 연계한다.

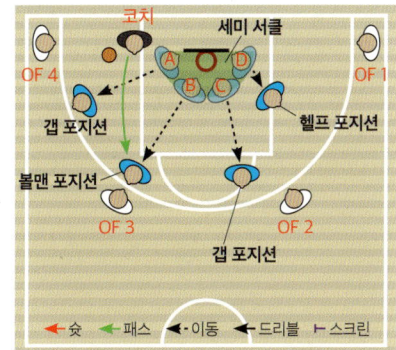

② D는 OF 1의 드리블 돌파를 일부러 허용한다

D의 수비가 뚫리면 A~C는 마크하는 상대를 바꾼다. 가장 낮은 위치에 있는 A가 헬프 포지션으로 가서 OF 1을 저지한다. OF 1은 다른 OF에게 패스한다.

☑ **CHECK!**
A는 두 팔을 쭉 뻗어 올려서 OF 1의 공격을 막은 다음 OF 4의 수비로 돌아간다.

③ 코치가 손을 들면 슛을 쏘고 수비가 리바운드를 잡는다

코치가 손을 들면 볼을 가지고 있는 OF가 슛을 쏜다. A, B, D는 자신이 마크하는 상대가 페인트 존으로 들어가는 것을 막고(박스 아웃) 리바운드를 잡는다.

☑ **CHECK!**
공격수가 슛을 쏘면 "박스 아웃!"하고 소리치며 집중력을 높인다.

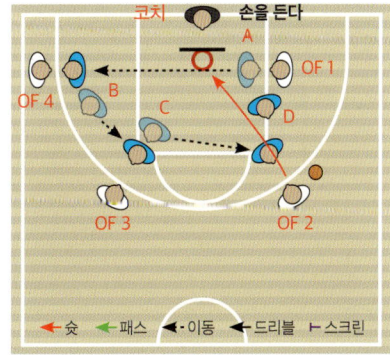

MENU 165

트랜지션 수비

2 대 2 트랜지션

인원수	8명 이상
장소	코트 전체
레벨	중급

목표
빠르게 공격하는 속공으로 수적 열세인 상황에서도 태세를 정비할 수 있는 기술을 익힌다. 공격수(이하 OF)는 가장 빠른 속도로 패스를 돌리면서 골밑을 공략하러 간다.

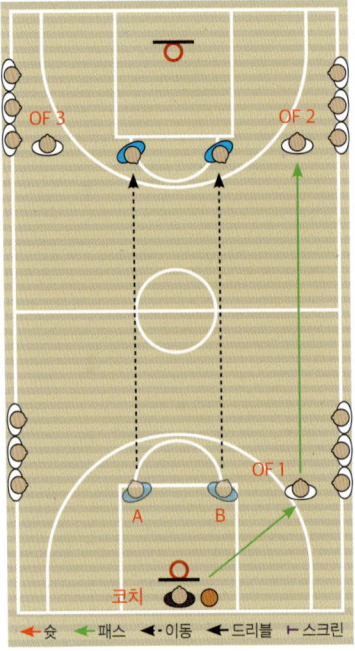

① 롱 패스에서 이어지는 속공을 막고 2 대 2를 한다

코치가 OF 1에게 패스한다. A와 B는 전속력으로 자기 진영으로 돌아간다. OF 1은 OF 2나 OF 3에게 롱 패스하고 OF 2와 OF 3, A와 B는 2 대 2를 실시한다.

☑ **CHECK!**

A와 B 중 앞에서 달리는 선수가 볼맨 포지션, 뒤에서 달리는 선수가 커버 포지션으로 막는다.

② OF가 슛을 던지면 기존의 OF 2와 OF 3이 수비로 전환하여 다시 시작한다

슛이 들어가면 코트 안으로 볼을 넣어주고, 실패하면 리바운드한다. 이번에는 줄을 서 있는 2명이 코트에 들어와 공격을 담당하고, 기존의 OF 2와 OF 3이 수비를 맡는다. 새로운 OF는 선수에게 볼을 받아서 같은 패턴으로 2 대 2를 실시한다.

☑ **CHECK!**

A와 B는 스로인할 때 각자 마크할 선수를 정한다.

조언

커버 포지션을 잡은 수비수(A)는 볼 라인까지 달려가서 볼을 가진 선수와 마크하는 선수 양쪽을 파악할 수 있는 볼 사이드에 포지션을 취해야 한다.

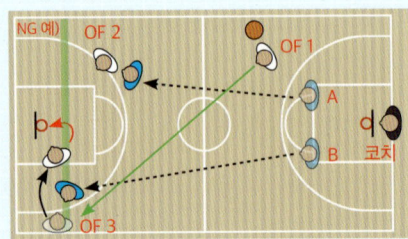

MENU 166 | 트랜지션 수비

3 대 2+1 핸디캡 연습

인원수	7명 이상
장소	코트 전체
레벨	중급

목표: 3 대 2 상황을 극복하고 3 대 3으로 전환한다. 공격수(이하 OF)에게 골밑 슛을 허용하지 않고 패스를 돌리게 만들어 수비수 3명이 모일 때까지 버티는 것이 목적이다. 핸디캡이 있는 상황에서 조직적으로 방어하는 방법을 배운다.

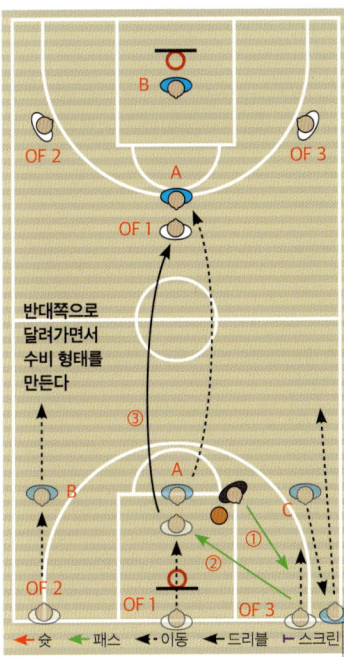

① 코치는 OF 중 한 명에게 패스한다

코치에게 패스를 받은 OF 3은 OF 1에게 패스하고 그 순간, OF 2와 OF 3은 상대 골대 45도 위치를 향해 달린다. OF 1은 드리블하여 골밑으로 돌진하고 A는 OF 1을 막는다. B는 OF 1보다 더 빠르게 골밑으로 달려간다.

☑ **CHECK!**

OF 1과 A는 가드, OF 2와 B는 포워드, OF 3과 C는 센터 포지션 선수가 담당한다.

② 일부러 3 대 2 상황을 만들고 그 상황에서도 슛을 쏘지 못하게 한다

C는 엔드 라인을 밟은 다음 뒤늦게 돌아온다. A는 OF 1을 3점 슛 라인보다 위에서 막아 패스를 돌리게 만든다. 3 대 2 상황을 2명이서 막으며 C가 돌아올 때까지 시간을 번다.

☑ **CHECK!**

수비수는 OF보다 빠르게 돌아와서 세로(탠덤)로 서고, 3점 슛 라인보다 높은 위치에서 볼을 막는다.

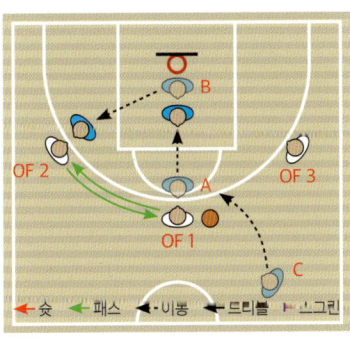

③ OF가 패스를 돌리게 만들고 C가 돌아올 때까지 골대를 지킨다

A가 OF 1의 드리블을 막으면 OF 1은 OF 2, OF 3 중 1명에게 패스한다. OF 2에게 패스가 가면 B는 팔을 들며 OF 2와 거리를 좁히고 A는 골밑으로 내려가서 OF 1과 OF 3을 막는다. OF 2가 OF 1에게 리턴 패스를 할 쯤에 C가 돌아와서 OF 1을 막는 것이 이상적이다.

조언

수비는 전력 질주해서 빨리 돌아와야 한다. 중고생의 경우 이것만으로도 높은 확률로 속공을 막을 수 있다.

MENU 167 · 트랜지션 수비

4 대 3+1 핸디캡 연습

인원수	9명 이상
장소	코트 전체
레벨	중급

목표 메뉴 166의 응용 연습. 연습 방법은 같고 인원이 1명 늘었을 뿐이지만, 수비 방법이 크게 바뀐다. 움직이는 법을 잘 익혀 공격수(이하 OF)의 상황을 보면서 막아낸다.

① 코치가 OF 중 1명에게 패스한다

코치에게 패스를 받으면 OF 3은 OF 1에게 패스한다. OF 1은 드리블하여 골밑으로 돌파하고 OF 2와 OF 4는 45도 위치, OF 3은 페인트 존으로 이동한다. C는 엔드 라인을 밟은 다음 달린다.

☑ CHECK!

OF 1과 A는 가드, OF 2와 OF 4, B와 D는 포워드, OF 3과 C는 센터 포지션의 선수가 맡는다.

② A, B, D는 세모꼴을 만들어서 수적 열세를 극복한다

A, B, D는 A를 정점으로 한 삼각형을 만들듯이 엘보에서 포지션을 취한다. A는 3점 슛 라인보다 높은 위치에서 OF 1을 멈춰 세우고 C가 돌아올 때까지 4 대 3을 막는다.

☑ CHECK!

코치가 OF 1에게 패스할 경우에는 가드 포지션인 A가 엔드 라인을 밟은 다음 돌아온다. 그때는 풋워크가 있는 포워드 포지션이 삼각형의 정점이 돼서 큰소리로 소통하며 막는다.

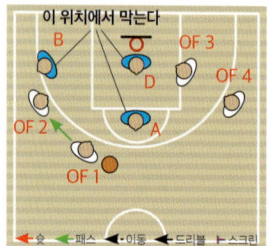
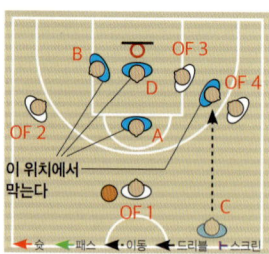

③ OF가 패스를 돌리게 하고 C가 돌아올 때까지 골대를 지킨다

OF 1이 OF 2에게 패스하면 A는 갭 포지션이 아니라 자유투 라인 중간에 네일 포지션(자유투 라인 쪽 반원 구역)으로 이동하여 OF 1과 OF 4를 막는 것이 포인트다. D는 OF 3이 페인트 존으로 진입하는 것을 막는다. OF 2가 OF 1에게 리턴 패스하면 포지셔닝에 맞춰 수비하고, OF 1이 OF 4에게 패스할 쯤에 C가 돌아올 수 있으면 좋다.

MENU 168	트랜지션 수비

5 대 5 스크럼블

인원수	10명 이상
장소	코트 전체
레벨	중~상급

목표 혼란스러운 상황에서도 큰소리로 소통하면서 공격과 수비가 불균형한 상황(미스매치)을 해소하고, 수비 태세를 갖추는 것이 목적이다. 왕복할 때마다 교대해도 되지만 점수가 높은 쪽이 이기는 게임으로 설정하면 연습 의욕이 높아진다.

① 공수 교대로 줄을 서서 볼을 백보드에 맞춘다

맨 앞의 선수가 백보드에 볼을 맞춘다. 다음 선수가 점프해 공중에서 볼을 잡고 착지하기 전에 다시 백보드를 맞춘다. 착지하면 맨 끝으로 가서 다시 줄을 선다. 다음 선수도 같은 방법으로 연습을 이어간다.

신장이나 포지션은 일부러 뿔뿔이 흩어놓는다

② 코치가 휘슬을 불면 올코트 5 대 5를 진행한다

사진의 경우 하얀색이 공격, 파란색이 수비가 된다. 휘슬이 울리면 올코트 5 대 5를 시작한다.

삐-!

③ 가까이에 있는 공격수를 마크한다

리바운드를 잡은 선수의 다음 선수가 코치와 터치하고 움직이면 수비의 난도가 올라간다. 공격수는 수비수와 체격차가 있는 상태(미스매치)에서 공격을 시작하면 된다.

④ 수비수들은 큰소리로 소통하며 자리를 교대한다

수비수들은 볼에서 먼 위치에 있다면 "미스매치!"라고 적극적으로 외치며 자리를 교체하여 체격차(미스매치)를 해소해 간다. 볼에서 가까운 위치에 있는 선수를 교체하면 상대에게 노마크 찬스가 생길 수 있으므로 타이밍을 잘 파악해야 한다.

미스매치!

| MENU 169 | (압박 수비) **1 대 1 지그재그+쇼** | 인원수 3명 이상
장소 코트 전체
레벨 중급 |

목표 공격수에게 적극적으로 압박을 가하는 압박 수비나 함정에 빠뜨리는 트랩 수비에 빠질 수 없는 쇼 수비의 기본이다. 공격수가 돌파하려고 할 때 몸을 보이며 막으러 들어간다는 어필을 한다. 1 대 1 수비를 강화할 수 있는 연습이니 철저하게 익힌다.

① **A와 B는 지그재그 드리블로 1 대 1을 하고 C는 A가 가까워지면 손을 뻗는다**

A와 B는 지그재그로 드리블하면서 1 대 1을 한다. C는 이 공방을 지켜보다가 뒤로 물러나고 A가 가까이 오면 팔을 뻗어서 A의 드리블을 견제한다.

☑ **CHECK!** C는 앞을 향한 채 뒷걸음질로 가는 백 페달(메뉴 099), 발을 교차하지 않고 옆으로 이동하는 슬라이드 스텝(메뉴 097), 점프하면서 뒤로 가는 바운딩을 구사하며 내려간다.

② **하프 라인을 지나면 C는 코트 밖으로 나가고, A와 B는 1 대 1 진검승부를 펼친다**

하프 라인을 지나면 C는 코트 밖으로 나가고, A와 B는 1 대 1 진검승부를 한다. 실전에서 볼맨을 막는다는 각오로 임해야 실력 향상으로 이어진다.

☑ **CHECK!** 코트를 왕복하면 A~C의 역할을 바꿔서 같은 메뉴를 반복한다.

조언

쇼 수비의 목적은 볼을 가진 선수(볼맨)의 움직임을 견제하는 것이다. 볼맨과 자신이 마크하는 선수에게서 눈을 떼지 않고, 적당한 위치에서 팔을 뻗어 볼맨에게 손바닥을 보인다. 볼맨을 머뭇거리게 하거나 패스를 가로채는 것도 좋지만, 자신이 마크하는 상대가 뛰어들어갈 때 곧바로 대응하는 것도 잊지 말아야 한다.

| MENU 170 | (압박 수비) **2 대 2 사이드라인 트랩** | 인원수 4명 이상
장소 코트 전체
레벨 상급 |

목표 공격수(이하 OF)가 사이드를 공략하는 상황이다. 볼맨을 사이드라인으로 몰아넣고 패스 방향을 제한하는 수비를 해서 더블 팀 상황을 유도한다. 코트 전체에서 훈련하므로 풋워크 연습에도 효과적이다.

① B는 OF 2를 사이드라인으로 몰아넣고 A와 함께 더블 팀으로 막는다

OF 1은 OF 2에게 패스한다. A는 OF 2보다 낮은 갭 포지션으로 이동한다. B는 OF 2를 45도에서 사이드라인으로 몰아가고, A는 신속하게 다가가서 OF 2의 턴 타이밍에 맞춰 더블 팀 수비를 한다.

☑ **CHECK!**
A와 B는 사이드라인에서 볼을 가진 선수에게 벽을 만드는 느낌으로 더블 팀 수비를 실시한다.

② OF 1에게 패스가 전달되면 B는 전속력으로 달려가고 A는 볼 라인 아래로 움직여 다시 더블 팀으로 수비한다

OF 2는 반대쪽 사이드에 있는 OF 1에게 패스하고 OF 1은 드리블한다. B는 전속력으로 달려가 OF 1을 마크하고 사이드라인으로 몰아넣는다. A는 낮은 위치로 이동한 다음 OF 1의 진로를 막는다.

☑ **CHECK!**
이것을 코트 전체에서 계속 연습한다. 반대쪽으로 진행할 때는 역할을 바꿔서 실시한다.

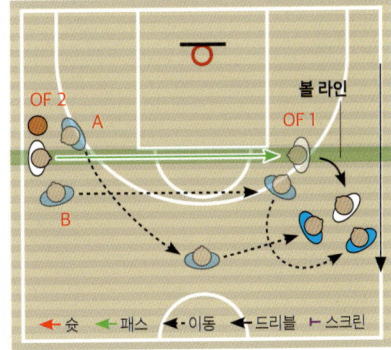

조언
이 트랩 훈련의 포인트는 갭 포지션에 있는 선수가 늘 볼 라인보다 아래에 포지셔닝하는 것이다. 높은 위치에 포지셔닝하면 효과적으로 수비하기가 어렵고 볼맨에게 드리블 돌파를 허용할 수 있으니 주의해야 한다.

MENU 171 — 압박 수비

5 대 5 하프 라인 트랩①

인원수	10명 이상
장소	코트 전체
레벨	상급

목표 커핀 코너에 볼을 가진 공격수(이하 OF)를 몰아넣고 실책을 유도하는 트랩을 실시한다. 상대의 흐름과 리듬을 바꾸고 싶은 경우에 사용하자.

① B와 C가 OF 2를 커핀 코너로 몰아넣는다

OF 2는 OF 1에게 볼을 받고 드리블하여 골대로 향한다. OF 1은 OF 2의 반대쪽 사이드로 달린다. B는 골대를 옆쪽에 놓고 OF 2를 밀어붙이며 커핀 코너 쪽으로 몰아넣는다. OF 2가 하프 라인을 넘으면 C가 전속력으로 달려와서 2 대 1 더블 팀을 실시한다. A, D, E도 각자 포지션으로 이동한다.

② OF 2가 OF 3에게 패스하면 D가 가로챈 다음 속공으로 연결한다

OF 2가 서둘러 OF 3에게 패스하면 D가 가로채기를 노린다. OF 4에게 가는 패스는 A와 D가 막는다.

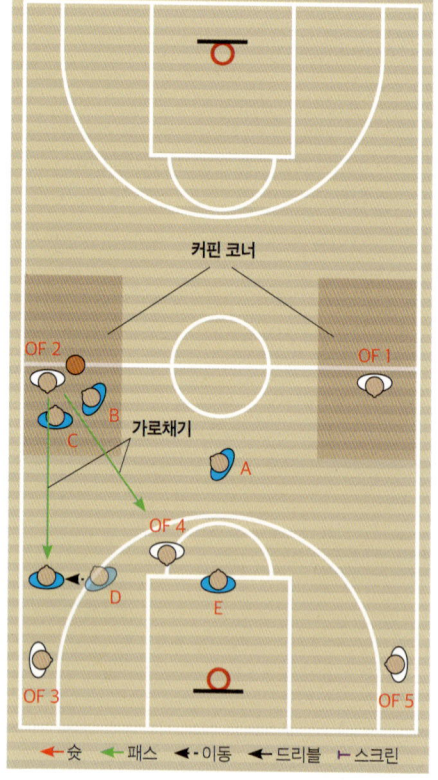

☑ **CHECK!** A는 OF 1과 OF 4를 막고, D는 OF 3과 4를 막으며 2개의 벽을 만든다.

☑ **CHECK!** D는 OF 3을 견제한 다음 움직이지 않으면 OF 3이 빠져나갈 수 있으므로 주의한다.

(압박 수비)

5 대 5 하프 라인 트랩②

인원수	10명 이상
장소	코트 전체
레벨	중급

목표 메뉴 171에서 공격수(이하 OF)가 다른 대응을 했을 때의 방어법을 배운다. 어떤 패턴이라도 3 대 2+1 핸디캡 연습(메뉴 166)과 같은 개념으로 자기 진영의 페인트 존으로 돌아와서 전열을 가다듬는다.

OF 2가 반대쪽 사이드의 OF 1에게 패스한 경우

A가 곧바로 OF 1을 마크하러 가지 않고 엘보 근처로 이동하는 것이 포인트다. A~D의 5명이 그림처럼 2-3존(수비 2명은 전방, 3명은 후방에 배치한 수비진) 포지션을 취한 다음 각자 마크할 상대를 잡는다.

☑ CHECK!

A가 곧바로 OF 1을 향해 가면 OF 1이 드리블로 빠져나와 위기가 닥칠 수 있으므로 포지셔닝에 주의해야 한다.

☑ CHECK!

커핀 코너에서 트랩 수비할 때, E는 OF 4보다 앞으로 나가지 않도록 주의해야 한다. 만약 앞에 서면 백 스크린에 걸릴 수 있고, OF 5가 골밑으로 침투할 때 롱 패스가 들어가기 쉬워진다.

지도자 MEMO

압박 수비(메뉴 169~172)의 목적은 OF의 페이스를 어지럽히거나 열세에서 벗어나기 위함 등 여러 가지가 있다. 하지만 필자는 실책을 유도해서 공격으로 전환하는 것보다 상대의 공격 시간을 빼앗는 것에 주안점을 두고 있다. 상대의 공격 시간을 빼앗은 다음에는 5 대 5로 수비 대세를 제대로 가다듬은 상태에서 안정적으로 경기를 운영하는 것을 강조한다. 또한 트랩 수비가 뚫린 후의 상황도 중요한데, 이때 포인트는 재빨리 전열을 가다듬을 수 있는 셸 수비를 하는 것이다. 필자의 스승인 데이브 야나이 코치는 '프레스·셸·노멀 1 대 1 수비'를 선수들에게 거듭 강조했다. 적극적으로 압박 수비를 하면 아무래도 수비 진형이 무너지기 마련이므로 우선 셸 디펜스(메뉴 164)로 5 대 5 진형을 갖추고 1 대 1 수비를 하도록 하면 좋을 것이다.

MENU 173	압박 수비

5 대 5 2스텝&2메이크

인원수	10명 이상
장소	코트 전체
레벨	상급

목표 게임 형식으로 진행하여 수비를 강화하는 연습이다. 수비팀을 코치가 지시하고 하프 코트 수비부터 시작한다. 수비는 득점을 막는 것을 목표로 한다.

골이 들어가지 않도록 막으면서 상대의 볼을 빼앗아 득점한다

공격(흰색)과 수비(파란색) 모두 2골 성공을 목표로 한다. 단, 수비가 1골을 성공시킨 다음에 공격이 득점에 성공하면 다시 0점으로 돌아간다. 공격이 연이어 2골을 성공시키든가 수비가 상대를 연속으로 막으며 2골을 성공시킬 때까지 공방을 계속 이어간다.

☑ CHECK!

게임에 이기려면 상대를 끊임없이 막아내는 것이 무엇보다 중요하다. 막아내는 수를 세면 의욕이 높아진다.

MENU 174	압박 수비

스크리미지

인원수	10명 이상
장소	코트 전체
레벨	상급

목표 실제 경기와 다르게 제한 시간이나 목표 점수 등을 설정해서 실시하는 시합 형태의 연습이다. 단시간에 집중해서 실시하면 실전에 필요한 판단력을 기를 수 있다.

실제 시합과 동일하게 경기를 시작한다

[룰 예]
- 제한 시간을 3분으로 설정한다
- 3골을 먼저 넣는 쪽이 승리

지도자 MEMO

필자가 맡고 있는 팀에서는 제한 시간 2분으로 시합을 실시하고 있다. 5골을 먼저 넣는 쪽이 승리하는 방식으로 수비수의 방어법(프레스 등), 팀 파울 수, 타임아웃 수 등을 설정해서 경기를 진행한다. 중학생은 3점, 고등학생은 5점을 먼저 넣는 쪽이 승리하는 방식으로 진행하면 좋다.

제 **5** 장

트레이닝

다양한 훈련과 플레이의 기본 바탕은 체력이다.
수수해 보이는 트레이닝이지만, 부상 방지나 점프력, 버티는 힘을 기르는 데
크게 도움이 되므로 적극적으로 실시하자.

부상 방지를 위한 몸풀기

연습 전 몸풀기를 진행하여 퍼포먼스를 향상시킨다

체력 단련 메뉴는 연습 전에 실시하는 '워밍업(메뉴 175~195)'과 연습 후에 실시하는 '근력 향상 트레이닝(메뉴 196~214)', '파워업 트레이닝(메뉴 215~221)'으로 나눠서 소개한다.

워밍업 메뉴는 숙련도에 상관없이 모든 나이대의 선수가 훈련하면 좋은 것으로 엄선했다.

주목적은 가동 범위 향상, 안정성 향상, 조정력(코디네이션 능력: 자기 몸을 생각한 대로 움직이는 능력) 기르기 3가지다. 안전하고 효율적으로 경기 능력을 향상하기 위해서는 고관절과 어깨 부근의 가동성을 높이고, 코어를 강화해서 몸의 안정성을 높여야 한다. 가동성이 높아지면 몸의 기능도 안정되어 부상 없이 경기를 이어갈 수 있다.

조정력 강화도 기술 향상에 빼놓을 수 없다. 조정력은 자세를 바로잡는 균형 감각과 볼, 사람과의 거리감을 정확하게 파악하는 공간 인지 능력, 적절한 순간에 몸을 자연스럽게 움직이는 능력, 움직임에 재빨리 반응하는 반사신경 등을 말한다. 워밍업 동작을 통해 이러한 능력을 기를 수 있다.

워밍업 분류

```
              워밍업
  ┌──────┬──────┬──────┐
  1      2      3      4
```

1. 가동성 향상
메뉴 175(P.166)~184(P.171)

고관절과 어깨 주변을 중심으로 움직이면서 가동성을 높인다.

2. 안정성 향상
메뉴 185(P.171)~188(P.173)

다양한 방향에서 자극을 준다. 주로 코어 부분을 안정시키는 운동이다.

3. 가동성과 안정성의 조합
메뉴 189(P.173)~192(P.175)

온몸을 움직여서 가동성과 안정성을 동시에 높이는 운동이다.

4. 안정성과 조절력의 조합
메뉴 193(P.176)~195(P.177)

전신의 균형 감각을 기르는 동작을 실시한다.

경기력 향상을 위한 근육 단련

근력 운동은 적극적으로 실시한다

매일 하길 바라는 체력 단련 메뉴는 바로 '근력 운동'이다. 최근 연구에서는 성장기인 초·중학생도 올바른 방법으로 훈련하면 퍼포먼스에 좋은 영향을 미친다는 사실이 밝혀졌다.

머릿속에 그린 이상적인 플레이와 잘 다치지 않는 몸을 만들기 위해서는 정확한 폼을 익히고 근력을 키워야 한다.

이 책에서는 근력 운동의 내용을 '근력 향상'과 '파워업'으로 분류했다.

근력 향상은 상체, 하체, 한 발씩, 부위별로 근육을 키우는 메뉴로 구성했다. 상체 훈련에서는 '미는 힘'과 '당기는 힘'을 키우고, 하체 훈련에서는 '두 발로 버티는 힘', '한 발로 착지해도 자세가 무너지지 않는 힘' 등을 키운다.

파워업은 점프할 때 '순간적으로 온몸을 활용해 움직이는 힘'을 단련할 수 있는 메뉴를 중심으로 구성했다.

균형 잡힌 메뉴를 실시해도 되고, 몸싸움에서 밀리는 일이 자주 있는 선수에게는 하체 강화 메뉴를 실시하는 등 목적에 맞춘 메뉴를 선택해도 좋다.

근력 운동의 분류

근력 운동

1. 근력 향상 (상체·푸시/풀)
메뉴 196(P.178)~198(P.179)

상체 근육을 단련하는 훈련이다. 미는 동작과 당기는 동작으로 나뉜다.

2. 근력 향상 (하체·두 발)
메뉴 199(P.179)~208(P.184)

하체 근육을 단련하는 훈련이다. 비교적 하기 쉬운 운동으로 구성돼 있다.

3. 근력 향상 (하체·한 발)
메뉴 209(P.185)~214(P.187)

한쪽 다리씩 단련하는 훈련이다. 하체 근력과 균형 감각을 기를 수 있다.

4. 파워업 (전신)
메뉴 215(P.188)~221(P.191)

전신 운동이다. 바벨을 드는 힘이 필요하므로 근력이 붙은 다음에 실시해야 한다.

매일 근력 운동을 실시하는 법

하루가 다르게 키가 자라고, 몸이 아직 성숙하지 않은 성장기에는 몸에 너무 큰 부하를 주지 않는 것이 좋다.

그러나 성장기 아이들에게도 점프의 착지 충격은 몸무게의 6~9배로 성인과 같다. 이 부하를 견디며 부상을 예방하려면 이른 시기에 정확한 자세를 익히는 것이 중요한데, 올바른 자세를 익히기 위해서는 근력 운동을 꼭 해야 한다. 그중에서도 자기 몸무게를 부하로 활용한 근력 운동을 하는 것이 좋다.

성장기가 끝나면 트레이닝 기구를 활용해 부하가 높은 근력 운동을 도입하도록 하자. 근육에 큰 부하를 가해서 자극하면 효과적으로 근육을 키울 수 있다.

자기 체중을 부하로 활용하는 운동을 이른 시기부터 실시하면 높은 부하의 운동으로 자연스럽게 이어갈 수 있다.

주의해야 할 점은 몸에 반복적으로 부하를 가하면 아픔을 느낄 수도 있는데, 통증을 호소하는 아이가 있다면 근력 운동을 하지 않는 것이 좋다. 여러 사람을 동시에 지도할 때는 개인차가 큰 나이대라는 점을 염두에 두고 무리하지 않는 범위에서 실시하도록 하자.

근력 운동의 포인트

주2~3회를 기본으로 실시한다

근육은 회복할 때 성장한다. 따라서 매일 훈련하는 것보다는 주 2~3회 정도 실시하는 것이 좋다.

'다관절 운동'을 통해 큰 근육을 효과적으로 단련한다

다관절 운동은 여러 관절을 동시에 움직여서 근육을 자극하는 운동이다. 넓적다리, 엉덩이, 가슴, 등처럼 큰 근육이 모인 곳에 자극을 주면 높은 효율로 근력을 키울 수 있다.
예) 스쿼트, 푸시업, 풀업

다양한 메뉴를 조합해서 실시한다

온몸의 근육을 전체적으로 단련하기 위해 푸시(누르고), 풀(당기고), 상반신·하반신, 두 발·한 발 등 메뉴를 조화롭게 조합한다.

적절한 수분과 영양소를 섭취하고 충분한 수면을 취한다

몸에 수분·영양분이 부족한 상태에서는 근력 운동을 해도 좋은 효과를 얻기 힘들다. 수면 시간을 포함해 생활 습관을 재점검하는 것도 잊지 않도록 한다.

메뉴 짜는 법

시간을 효율적으로 사용해서 몸을 만든다

부상을 막으면서 농구 실력을 향상시키려면 연습 전에 어느 정도 강도가 있는 워밍업과 근력 운동을 하여 관절의 가동성과 몸의 안정성, 순발력을 높이면서 연습에 임하는 편이 효과적이다.

그러나 동아리 활동처럼 정해진 시간에 이 모든 것을 빠짐없이 실시하는 것은 어렵다. 이에 5분, 10분, 15분 안에 할 수 있는 메뉴를 아래에 구성해 놓았으니 참고하면서 연습에 도입해보자.

운동 시간별 추천 메뉴

5분
- 메뉴 175 월드 그레이티스트 스트레칭 ▲
- 메뉴 183 사이드 런지 ▲
- 메뉴 184 크로스오버 스텝 ▲
- 메뉴 204 오버 헤드 스쿼트 ★
- 메뉴 212 한 발 루마니안 데드 리프트 ★

10분
- 메뉴 175 월드 그레이티스트 스트레칭 ▲
- 메뉴 182 다운독 ▲
- 메뉴 183 사이드 런지 ▲
- 메뉴 184 크로스오버 스텝 ▲
- 메뉴 186 사이드 플랭크 ▲
- 메뉴 189 데드 버그 ▲
- 메뉴 190 핸드 워크 ▲
- 메뉴 204 오버 헤드 스쿼트 ★
- 메뉴 212 한 발 루마니안 데드 리프트 ★
- 메뉴 216 스쿼트 점프 ◆

15분
- 메뉴 175 월드 그레이티스트 스트레칭 ▲
- 메뉴 180 딥 스쿼트 ①
- 메뉴 182 다운독 ▲
- 메뉴 183 사이드 런지 ▲
- 메뉴 184 크로스오버 스텝 ▲
- 메뉴 186 사이드 플랭크 ▲
- 메뉴 189 데드 버그 ▲
- 메뉴 190 핸드 워크 ▲
- 메뉴 194 레터럴 홉 ▲
- 메뉴 195 힙 록 ▲
- 메뉴 204 오버 헤드 스쿼트 ★
- 메뉴 212 한 발 루마니안 데드 리프트 ★
- 메뉴 213 에어플레인 ★
- 메뉴 214 Y 밸런스 ★
- 메뉴 216 스쿼트 점프 ◆

▲……워밍업
★……근력 향상
◆……파워업

MENU 175 워밍업(가동성)

월드 그레이티스트 스트레칭

레벨 초급
회수 각 자세별 천천히 2번 호흡×2세트 ×좌우

목표 온몸을 스트레칭할 수 있다고 일컬어질 정도로 훌륭한 만능 스트레칭이다. 플레이에 필요한 고관절과 가슴 부근의 가동성을 넓히고 움직임을 부드럽게 만든다.

① 다리를 앞뒤로 넓게 벌리고 무릎을 바닥에 댄다

☑ **CHECK!** 균형을 유지할 수 있는 범위에서 다리를 가능하면 넓게 벌린다.

② 한 손을 바닥에 짚고 상체를 숙인다

무릎을 바닥에서 든다

☑ **CHECK!** 뒤쪽 무릎을 가능한 쭉 펴서 고관절을 늘린다.

③ 상체를 뒤로 젖히면서 팔을 올리고 반대쪽도 같은 동작을 한다

☑ **CHECK!** 시선은 들어 올린 팔의 손끝을 보고, 가슴부터 상체를 움직인다.

조언

스트레칭할 때는 천천히 호흡하는 것을 잊지 말자. 복식호흡으로 5초 동안 숨을 들이마시고 5초 동안 내쉬는 페이스로 진행한다.

5초 / 5초 / 들숨에서 배가 볼록해진다

MENU 176	워밍업(가동성)	레벨 초급
	개구리 자세	회수 허리를 뒤로 당겨서 2호흡×3~5회

목표 넓적다리 안쪽의 가동성을 넓히기 위한 스트레칭이다. 스쿼트 자세에서 깊이 앉는다. 다리를 얼마나 벌릴 수 있는지는 개인차가 있으므로 조금씩 늘려가도록 한다.

① 네발 기기 자세를 취한다

② 허리를 엉덩이 쪽으로 당긴다

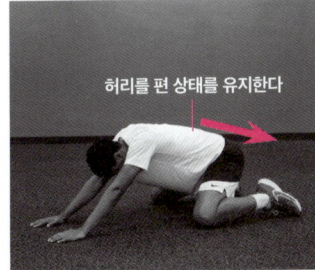

허리를 편 상태를 유지한다

☑ **CHECK!**
다리를 넓게 벌릴수록 근육이 늘어나는 효과가 있다. 허리는 둥글게 말리지 않도록 의식하며 뒤로 당긴다.

MENU 177	워밍업(가동성)	레벨 초급
	힙 로테이션	회수 좌우 교대로 10회

목표 고관절의 내회전(안으로 돌리기)·외회전(밖으로 돌리기) 가동 범위를 넓히고 부드럽게 움직이게 한다. 무릎이 바닥에 닿지 않으면 무릎을 약간 펴고 좌우로 크게 움직이도록 한다.

① 무릎을 90도로 굽히고 앉는다

② 90도를 유지한 채 무릎을 옆쪽으로 쓰러뜨린다

③ 반대쪽도 같은 방법으로 쓰러뜨린다

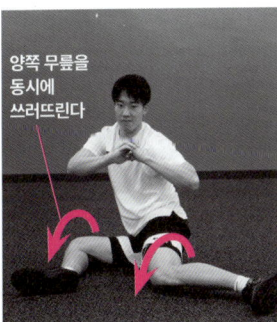

양쪽 무릎을 동시에 쓰러뜨린다

MENU 178	워밍업(가동성)	레벨 초급
	윈드밀①	회수 좌우 교대로 10회

목표 가슴 주변의 가동성을 높이기 위한 스트레칭이다. 가슴 주변의 가동성을 높이면 상체의 움직임이 부드러워진다. 깊이 앉기 힘들면 메뉴 179의 방법으로 실시한다.

① 깊이 앉아서 발끝을 잡고 가슴을 편다

② 한쪽 팔을 위로 올리면서 가슴을 바깥쪽으로 연다. 반대쪽도 같은 방법으로 실시한다

발뒤꿈치가 뜨지 않도록 주의한다

시선은 손끝을 본다

☑ CHECK!
팔을 들어 올릴 때 어깻죽지부터 움직여서 가슴 주변의 가동성을 높인다.

MENU 179	워밍업(가동성)	레벨 초급
	윈드밀②	회수 좌우 교대로 10회

목표 메뉴 178에서 발뒤꿈치를 바닥에 붙인 채 깊이 앉기 힘든 사람은 파트너의 도움을 받아 몸이 쓰러지지 않게 잡은 상태에서 실시한다. 가슴 주변 근육의 가동성을 높이고 움직임을 부드럽게 하자.

① 손을 교차해서 잡는다

② 한쪽 팔을 비스듬히 위로 올린다. 반대쪽도 같은 방법으로 실시한다

발뒤꿈치는 바닥에 붙인다

시선은 손끝을 본다

조언 잡아줄 사람이 없을 때는 손잡이 같은 것을 잡고 해도 된다. 이때도 발뒤꿈치가 바닥에서 떨어지지 않도록 주의한다.

MENU 180	워밍업(가동성) **딥 스쿼트①**	레벨 초급 횟수 8회×1~2세트

목표 고관절의 가동 범위를 넓힐 수 있다. 시합 중에라도 필요하면 스쿼트 자세로 깊게 앉도록 하자.

 손을 교차해서 잡는다

② 2명이 동시에 깊숙이 앉는다

발뒤꿈치는 붙인 채

조언 발뒤꿈치가 바닥에서 떨어지지 않도록 하고, 서로 뒤로 당겨 균형을 유지해보자. 등이 말리지 않도록 가슴을 펴고 깊이 쭈그려 앉는다.

MENU 181	워밍업(가동성) **딥 스쿼트②**	레벨 초급 횟수 8회×1~2세트

목표 고관절의 가동 범위를 넓힐 수 있다. 발뒤꿈치가 바닥에서 떨어지지 않는 것이 무엇보다 중요하다. 서로 뒤로 기대면서 힘을 가해 앉았다가 일어나는데 이때 등이 떨어지지 않도록 주의한다.

 등을 맞댄 채 앉는다

② 서로 기대듯이 힘을 가한다

③ 호흡을 맞추며 일어난다

천천히 일어선다

MENU 182	(워밍업(가동성)) **다운독**	레벨 초급
		회수 ② 자세에서 2호흡×3~5회

목표 어깨 주변의 가동성을 높일 수 있는 스트레칭이다. 드리블, 슛, 패스나 팔을 높이 드는 수비 동작을 부드럽게 할 수 있다.

① 두 팔과 두 다리를 넓혀서 네발 기기 자세를 잡는다

② 머리를 숙이면서 엉덩이를 끌어올린다

등은 쭉 편다

✅ **CHECK!**
몸이 뻣뻣해서 상체를 곧게 펴기 힘든 사람은 다리를 넓게 벌리면 어깨 주변 근육을 확실하게 늘릴 수 있다.

MENU 183	(워밍업(가동성)) **사이드 런지**	레벨 중급
		회수 좌우 교대로 10회

목표 고관절의 가동 범위를 넓힌다. 플레이 중에 사이드 스텝을 사용하여 옆으로 이동하는 전환 동작에도 도움이 된다. 가능한 깊게 앉도록 한다.

① 손을 가슴 앞에 놓고 다리를 어깨너비만큼 벌리고 선다

② 한 발을 옆으로 크게 내디뎌 무릎을 굽히고 자세를 낮춘다. 반대쪽도 똑같이 실시한다

어깨너비

✅ **CHECK!**
내딛는 발바닥의 '엄지 발볼, 새끼 발볼, 발뒤꿈치' 3곳에 체중을 균일하게 싣는다. 발뒤꿈치가 뜨지 않도록 주의한다.

5 트레이닝

MENU 184	워밍업(가동성)

크로스오버 스텝

레벨 중급
회수 좌우 교대로 10회

목표 메뉴 183과 마찬가지로 고관절의 가동 범위를 넓히는 동작으로 플레이 중에 옆으로 이동하는 동작에 도움이 된다. 무릎이 바닥에 닿을 정도로 깊이 앉는다.

① 손을 가슴에 놓고 발을 어깨너비로 벌리고 선다

② 왼쪽 다리를 옆으로 크게 딛고 무릎을 굽혀 자세를 낮춘다

③ 오른쪽 다리를 크로스한 다음 ①의 자세로 돌아간다. 반대쪽도 똑같이 실시한다

어깨너비만큼 벌린다

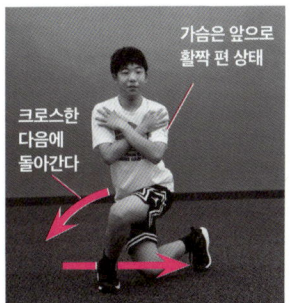
가슴은 앞으로 활짝 편 상태
크로스한 다음에 돌아간다

MENU 185	워밍업(안정성)

프런트 플랭크

레벨 초급
회수 30초×1~2세트

목표 간단한 동작으로 코어를 단련할 수 있는 운동이다. 온몸을 곧게 편 상태를 유지하기만 해도 효과가 있으니 바른 자세로 실시하자.

팔꿈치를 바닥에 대고 다리는 어깨너비만큼 벌린 다음 온몸을 곧게 편 상태를 유지한다

허리가 아래쪽으로 휘지 않도록 배에 힘을 줘서 온몸을 지탱하는 느낌으로 실시한다

🚫 NG

허리가 휘거나 등이 굽으면 효과가 없다. 온몸이 쭉 일직선이 되도록 하자.

171

MENU 186 　워밍업(안정성)　사이드 플랭크

레벨　초급
회수　좌우 각
　　　30초×1~2세트

목표　메뉴 185와 마찬가지로 간단한 동작으로 코어를 단련할 수 있는 운동이다. 균형을 잘 잡으면서 온몸을 쭉 일직선으로 유지하자.

① 옆을 바라보면서 위쪽 다리를 앞으로, 아래쪽 다리를 뒤로 벌린다
② 팔꿈치를 바닥에 댄 채로 반대쪽 손과 허리를 든다. 반대쪽도 똑같이 실시한다

발끝을 본다거나 엉덩이가 뒤로 빠진다거나 허리가 휘지 않도록 하자.

MENU 187 　워밍업(안정성)　한 발 플랭크

레벨　초급
회수　좌우 각
　　　8회×1~2세트

목표　코어를 단련하는 운동이다. 한 발씩 실시해서 넓적다리 뒤쪽과 엉덩이 주변을 강화하자.

① 천장을 보고 누워서 한쪽 무릎을 잡는다

② 자세를 유지하면서 허리를 들어 올린다. 반대쪽도 똑같이 실시한다

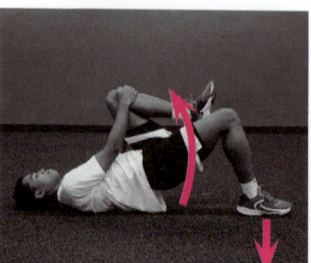

✓ CHECK!
무릎을 잡고, 바닥을 지지하는 발을 잘 고정한 다음 바닥을 힘차게 밀면서 엉덩이를 들어 올린다.

레벨	중급
회수	①~③을 각 10~20초 ×1~2세트

MENU 188 컨텍트
워밍업(안정성)

목표 몸싸움할 때 필요한 '밀리지 않는 힘'을 기른다. 코어를 안정화시키고 외부에서 가하는 힘으로부터 버틴다. 피지컬 컨텍트에 익숙해지는 것부터 시작한다.

① 무릎을 굽혀 자세를 낮추고 두 발로 버틴다

② 깍지 낀 손을 앞으로 쭉 뻗는다

③ 두 다리로 점프한다. 반대쪽도 똑같이 실시한다

옆에서 민다
밀리지 않고 버틴다

팔을 밀며 무릎을 당긴다
당기는 힘에도 버틴다

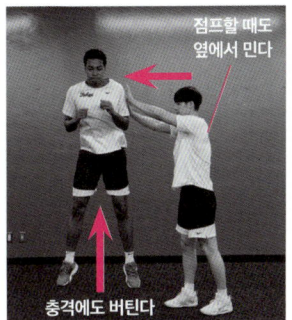
점프할 때도 옆에서 민다
충격에도 버틴다

레벨	중급
회수	교대로 각 10회×1~2세트

MENU 189 데드 버그
워밍업(가동성과 안정성)

목표 코어를 안정시킨 상태에서 손발을 움직여 가동성과 안정성을 동시에 향상시키는 운동이다. 팔과 다리는 허리가 뜨지 않는 범위까지 펴고 좌우 교대로 실시한다.

① 천장을 바라보고 누워서 두 팔과 두 다리를 들어 올린다

② 한쪽 팔과 반대쪽 다리를 동시에 편다. 팔다리를 바꿔서 똑같이 실시한다

90도

허리가 뜨지 않는다

☑ CHECK!
팔과 다리를 펼 때 허리가 뜨면 효과가 없으므로 뜨지 않도록 주의한다.

MENU 190 〔워밍업(가동성과 안정성)〕 **핸드 워크**

레벨　중급
회수　5m 전진×1~2세트

목표　넓적다리 뒤쪽과 종아리의 가동 범위를 넓히면서 코어를 단련할 수 있는 운동이다. 팔꿈치와 무릎은 가능한 편 상태를 유지하며 실시한다.

① 다리를 어깨너비만큼 벌리고 선다 → 엎드려서 앞으로 나아간다

상체를 숙인다
무릎은 편다
① 손으로 걸음을 걷듯이 움직여 앞으로 간다

② 발을 조금씩 움직여서 엎드린 자세로 돌아간다

몸이 쭉 펴지면 손을 멈춘다
발만 사용해서 앞으로 걸어간다

✓ CHECK!
상체를 쭉 펼 때는 무리하지 않는 범위까지만 편다. 균형을 잡으면서 몸을 펴기 때문에 코어에 효과적으로 부하를 가할 수 있다.

MENU 191 〔워밍업(가동성과 안정성)〕 **베어 워크**

레벨　중급
회수　5m 전진×1~2세트

목표　코어를 안정시킨 상태에서 팔다리를 움직여 가동성과 안정성을 높인다. 앞으로 갈 때 엉덩이가 좌우로 흔들리지 않도록 움직이는 것이 중요하다.

① 무릎을 바닥에 대지 않고 네발 기기 자세를 취한다

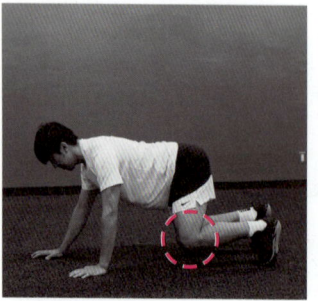

② 자세를 유지하며 앞으로 나간다

등을 곧게 편다

✓ CHECK!
등을 곧게 편 상태를 유지하면서 무릎을 땅에서 조금만 띄운 채로 전진한다.

MENU 192 워밍업(가동성과 안정성)	레벨 상급
# 스파이더 워크	회수 5m 전진×1~2세트

목표 코어를 안정화하면서 고관절과 어깨관절의 가동성을 높인다. 가슴을 바닥 가까이 내리고 손발을 움직이면 코어에 걸리는 부하가 높아진다.

① 다리를 앞뒤로 크게 벌리고 네발 기기 자세를 취한 다음 한 손을 앞으로 뻗는다

② 상체를 숙인다

☑ **CHECK!** 앞으로 뻗은 손과 반대쪽 발을 앞으로 내디딘다.

③ 상체를 약간 들어서 반대쪽 손과 다리를 앞으로 내밀며 나아간다

④ 상체를 숙인다

☑ **CHECK!** 허리를 젖히거나 등이 말리지 않도록 주의한다.

MENU 193 워밍업(안정성과 조정력)

한 발 서기

레벨 초급
회수 좌우 10~20초 ×1~2세트

목표 한 발로 몸을 지탱하고 그 상태를 유지하면서 온몸의 안정성을 높인다. 발바닥의 엄지 발볼, 새끼 발볼, 발뒤꿈치에 균일하게 체중을 싣는다.

손을 허리에 올리고 한 발을 든 상태를 유지한다. 반대쪽도 똑같이 실시한다

발바닥 3곳을 의식한다

☑ **CHECK!**

상체가 기울지 않도록 주의한다. 눈을 뜨고 40초, 눈을 감고 10초 유지하는 것을 목표로 하고, 더 버틸 수 있다면 할 수 있는 만큼 실시해보자.

MENU 194 워밍업(안정성과 조정력)

레터럴 홉

레벨 중급
회수 좌우 10초 ×1~3세트

목표 한 발로 점프하는 훈련으로 균형 감각을 기를 수 있다. 10초 동안 몇 번 할 수 있는지 해보고, 조금씩 횟수와 속도를 올려보자.

손을 허리에 올리고, 한 발로 서서 30㎝ 폭을 좌우로 점프한다. 반대쪽도 똑같이 실시한다

몸은 가능한 곧게 유지한다

조언 어려운 경우에는 먼저 두 발로 실시하자. 또는 선을 1줄 긋고 거리를 좁힌 상태에서 실시해도 좋다.

MENU 195 (워밍업(안정성과 조정력))

힙 록

레벨 상급
회수 ①을 좌우 각 20회×1~2세트, ②~④×1~2세트

목표 정확한 달리기 자세를 익히는 데 필요한, 고관절과 골반 주변을 단련하는 운동이다. 벽을 사용해서 폼을 익힌 다음 전진하면서 실시한다.

① 벽 앞에 서서 벽과 반대쪽 손을 벽에 대고 무릎을 위아래로 움직인다. 반대쪽도 똑같이 실시한다

✅ **CHECK!** 들어 올린 다리와 반대쪽 손을 벽에 붙인 채로 무릎을 조금씩 움직인다.

② 두 손을 올리고 선다

벽이 있다고 상상한다

✅ **CHECK!** 몸 좌우에 벽이 있다고 상상하면서 몸 전체가 좌우로 흔들리지 않도록 한다.

③ 넓적다리를 들면서 반대쪽 손을 위로 뻗는다

✅ **CHECK!** 다리가 좌우로 벌어지지 않도록 주의하면서 발을 위아래로 움직인다.

④ 자세를 유지하고 손발을 교대로 움직이면서 5m 전진한다

✅ **CHECK!** 앞으로 나아가기 어려울 때는 제자리에서 실시해도 좋다.

MENU 196 (상체) 푸시업

레벨 중급
회수 8회×2~3세트

목표 두 팔로 미는 동작을 강화할 수 있다. 뒤통수부터 엉덩이까지 일자로 유지해야 효과가 크므로 자세에 주의한다. 3초 동안 내려가고 2초 동안 올라오는 속도로 실시한다.

① 팔을 어깨너비만큼 벌리고 등은 일자로 편다

곧게

② 3초에 걸쳐서 내려가고 2초에 걸쳐서 올라간다

2초
3초

조언 근력이 없어서 사진처럼 할 수 없을 때는 바닥에 무릎을 댄 자세로 실시한다. 뒤통수에서 엉덩이까지 쭉 일직선을 유지하는 것을 잊지 말자.

MENU 197 (상체) 인버디트 로우 (비스듬하게 매달리기)

레벨 중급
회수 8회×2~3세트

목표 두 팔로 당기는 움직임을 강화한다. 풀업(메뉴 198)보다 부하가 작으므로 먼저 인버티드 로우부터 시작해서 익숙해진 다음 풀업을 하면 좋다. 허리를 젖히지 않도록 주의한다.

① 바를 잡고 팔을 편다

90도

② 팔꿈치를 굽혀서 몸을 바쪽으로 가져간다

일직선

CHECK! 시작 자세에서는 팔과 몸이 90도가 되도록 발 위치를 정한다. 발 위치를 더욱 깊이 놓으면 부하가 커진다. 풀업바로 연습해도 된다.

MENU 198	풀업(턱걸이)	레벨 상급 회수 8회×2~3세트

목표 두 팔로 당기는 움직임을 강화한다. 풀업이 힘든 사람은 인버티드 로우부터 시작한다. 몸을 끌어올릴 때 등이 굽거나 어깨가 올라가지 않도록 가슴을 펴고 실시한다.

① 가슴을 펴고 팔을 뻗어 바를 잡은 다음 다리를 바닥에서 뗀다

② 턱이 바 위로 올 때까지 팔꿈치를 구부린다

조언 몸을 끌어올리는 것이 어려우면 점프하여 올라간 상태에서 시작해 천천히 내려오는 동작을 반복한다.

MENU 199	맨손 스쿼트	레벨 초급 회수 8회×2~3세트

목표 하체 근력을 강화한다. 동작 중에는 발바닥의 엄지 발볼, 새끼 발볼, 발뒤꿈치에 균일하게 체중을 싣도록 한다. 3초 동안 자세를 낮추며 내려가고 2초 동안 일어나는 속도로 실시한다.

① 발을 어깨너비만큼 벌리고 선다

② 3초에 걸쳐서 무릎을 굽혀 자세를 낮추고 2초에 걸쳐서 일어선다

조언 넓적다리가 바닥과 수평이 될 때까지 앉는다. 발은 어깨너비만큼 벌리고 발끝은 약간 바깥쪽(30도 정도)을 향하게 선다.

MENU 200 하체

바운드 스쿼트

레벨 초급
회수 10회×2~3세트

목표 하체 근력을 강화하고 넓적다리 부근의 가동 범위를 넓힌다. 바운드를 통해 착지 자세의 안정성을 높일 수 있다. 발은 골반보다 조금 넓게 벌리고 실시한다.

1 발을 넓게 벌리고 스쿼트 자세를 취한다

2 그 자세를 유지하면서 작게 바운드한다

손은 허리에 올린다

무릎을 굽히며 깊이 앉는다

☑ **CHECK!**
발바닥의 엄지 발볼, 새끼 발볼, 발뒤꿈치 3곳에 균일하게 체중을 싣고 가능한 깊이 앉은 상태로 작게 바운드한다.

MENU 201 하체

스플릿 바운드 스쿼트

레벨 초급
회수 좌우 10초 ×2~3세트

목표 하체 근력을 강화하고 고관절 가동 범위를 넓힐 수 있다. 한 발로 땅에 착지할 때 안정성도 향상시킬 수 있다. 다리를 앞뒤로 교체하면서 각각 실시한다.

손을 허리에 올리고 발을 앞뒤로 벌린 다음 무릎을 굽힌 채로 작게 바운드한다. 반대쪽도 똑같이 실시한다

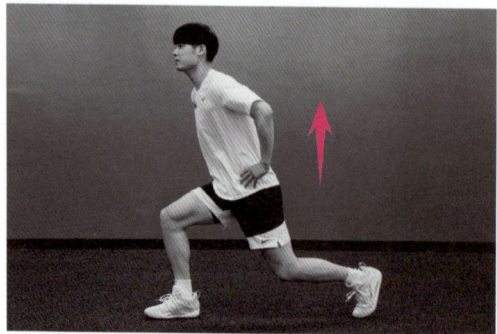

☑ **CHECK!**
앞으로 내민 다리의 무릎을 90도 정도로 굽힌 상태에서 작게 바운드한다.

레벨	중급
회수	10걸음×2~3세트

MENU 202

하체

프런트&백 턴

목표 하체 근력을 강화하고 고관절 가동 범위를 넓힐 수 있다. 특히 피벗 동작에 도움되는 운동이다. 스쿼트 자세를 깊게 취한 다음 턴해서 다시 스쿼트 자세를 깊게 취한다.

1 손은 허리에 올리고 다리를 벌리고 선다

골반너비

☑ **CHECK!** 손을 허리에 올리고 다리는 골반너비만큼 벌린 다음 편안한 자세로 선다.

2 그 상태에서 무릎을 굽혀 자세를 낮추고 스쿼트한다

깊게 앉는다 / 발바닥 3곳에 체중을 분산시킨다

☑ **CHECK!** 발바닥의 엄지 발볼, 새끼 발볼, 발뒤꿈치에 균일하게 체중을 싣고 확실하게 자세를 낮춘다.

3 일어선 후 축으로 삼은 다리를 중심으로 턴한다

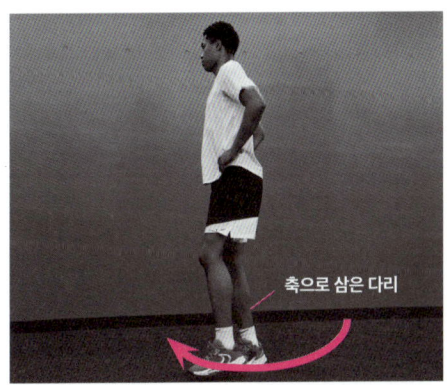

축으로 삼은 다리

☑ **CHECK!** ②의 자세에서 일어선 후 축으로 삼은 다리가 움직이지 않도록 하며 뒤로 돈다.

4 스쿼트 후 백 턴하기를 반복한다

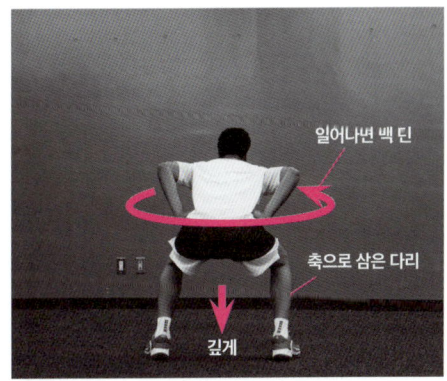

일어나면 백 턴 / 축으로 삼은 다리 / 깊게

☑ **CHECK!** ②와 같은 방법으로 스쿼트를 하고 일어서서 앞으로 돈다(백 턴한다).

MENU 203　[하체]　노르딕 햄스트링

레벨　중급
회수　8회×2~3세트

목표　넓적다리 안쪽 근육을 강화할 수 있다. 머리부터 엉덩이까지 일자로 쭉 편 상태로 천천히 앞으로 내려간다. 익숙해지면 무리하지 않는 범위 내에서 내려가는 도중에 잠깐 멈추도록 한다.

① 무릎을 바닥에 대고 선 다음 파트너가 뒤에서 발을 잡아준다

② 천천히 앞으로 내려간다

등이 굽지 않도록 한다

③ 엎드린 자세가 되면 두 팔을 바닥에 댄다

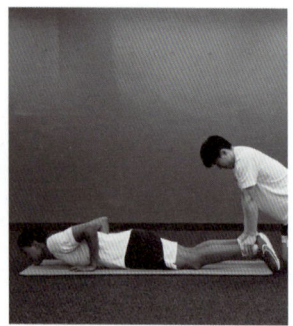

MENU 204　[하체]　오버 헤드 스쿼트

레벨　상급
회수　8회×2~3세트

목표　하체와 코어 근력을 향상시킬 수 있다. 또한 이 자세는 시합 중 다양한 동작에 필요한 가동성, 안정성을 향상시키는데도 도움이 된다. 자세가 무너지지 않도록 집중하며 실시하자.

① 발을 어깨너비만큼 벌리고 바를 들어 올린다

② 손을 벌린 채 무릎을 굽히고 자세를 낮춘다

등이 굽지 않게 한다
깊게 앉는다

☑ CHECK!

발바닥 중심에 바가 오도록 한다. 바가 없다면 수건이나 밴드를 활용해도 좋다.

MENU 205 〔하체〕 **스쿼트**

레벨 상급
회수 8회×2~3세트

목표 하체와 코어 근력을 강화한다. 초보자는 메뉴 199의 맨손 스쿼트부터 시작해서 정확한 자세를 익히는 것이 좋다. 이후에는 체중의 1.5~1.8배의 무게를 지고 하는 것을 목표로 한다.

① 어깨에 바벨을 올린다

② 무릎을 굽히고 자세를 낮춰 스쿼트한다

CHECK!
3초에 걸쳐서 내려가고 2초에 걸쳐서 올라오는 속도로 실시한다. 발바닥의 엄지발가락, 새끼발가락, 발뒤꿈치에 균일하게 체중을 싣고, 넓적다리 위쪽이 바닥과 평행이 될 때까지 무릎을 굽혀 내려간다.

MENU 206 〔하체〕 **데드 리프트**

레벨 상급
회수 8회×2~3세트

목표 하체와 코어 근력을 강화한다. 등, 엉덩이, 넓적다리 같은 큰 근육을 자극하는 훈련이다. 등 라인을 일직선으로 유지한 상태로 일어선다.

① 바벨을 허리 바깥쪽에서 잡는다

② 등을 쭉 편 상태를 유지하면서 바벨을 들어 올린다

CHECK!
동작 중에는 늘 등이 말리지 않도록 주의한다.

MENU 207 (하체)

힙 리프트

레벨 초급
회수 좌우 각
8회×1~3세트

목표 넓적다리 뒤쪽 근육을 강화할 수 있다. 3초에 걸쳐서 엉덩이를 들고 다시 3초에 걸쳐서 엉덩이를 내리는 속도로 실시한다. 부하를 크게 걸고 싶으면 한쪽 다리를 바닥에서 띄운 상태로 실시하자.

① 무릎을 세운 상태로 천장을 보고 눕는다

② 어깨에서 무릎까지 일직선이 되도록 한다

쭉 편 상태를 유지
허리를 젖히지 않는다

☑ **CHECK!**
동작할 때 허리가 휘지 않도록 주의한다.

MENU 208 (하체)

카프레이즈

레벨 초급
회수 좌우 각
8회×1~3세트

목표 종아리 근육을 강화할 수 있다. 먼저 두 다리로 실시하여 동작을 익히고, 이후에는 한 다리씩 2초에 1번 하는 속도로 위아래로 움직이며 20회 반복하는 것을 목표로 한다.

① 손을 벽에 대고 받침대에서 발뒤꿈치가 나오도록 선다

② 까치발을 든다

조언 한 발로 실시하면 부하를 더욱 가할 수 있다. 받침대가 없는 경우에는 계단에서 실시해도 좋다.

MENU 209 (하체) 한 발 스쿼트

레벨 중급
회수 좌우 각
      8회×1~3세트

목표 시합 중에 한 발로 높이 점프하거나 착지할 때 흔들리지 않기 위해서는 한 발씩 강화해야 한다. 다리를 의자에서 10cm 정도 띄워서 좌우 양쪽을 훈련하자.

1 의자에 앉아서 한쪽 다리를 바닥에서 띄운다

2 한쪽 다리를 띄운 채로 일어선다. 반대쪽도 똑같이 실시한다

가슴 앞에서 팔짱을 낀다

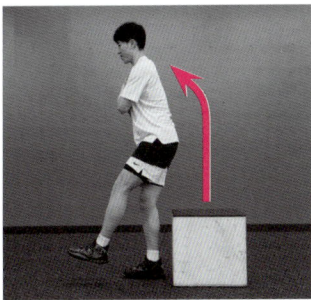

✅ **CHECK!**
일어설 때는 반동을 사용하지 않고 균형을 유지한 채 천천히 움직인다.

MENU 210 (하체) 스텝 다운

레벨 중급
회수 좌우 각
      8회×1~3세트

목표 한쪽 다리의 근력을 강화할 수 있다. 동작할 때 발바닥 3곳(엄지 발볼, 새끼 발볼, 발뒤꿈치)에 균등하게 체중을 싣는다. 상자 높이는 30cm 정도로 하고 좌우 양쪽을 훈련한다.

1 받침대 가장자리에 한 발로 선다

2 발끝으로 아래 바닥을 터치한다. 반대쪽도 똑같이 실시한다

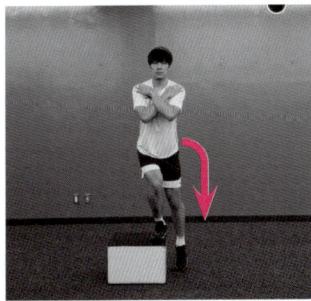

조언 🔊
받침대가 없으면 벤치나 계단을 사용해도 좋다.

MENU 211 〔하체〕 **런지 워크**

레벨 초급
회수 좌우 교대로 8회×1~3세트

목표 한 발로 디딜 때 안정성을 높일 수 있다. 상체를 곧게 편 상태에서 두 무릎이 90도가 될 정도로 깊게 앉는다. 일어설 때 상체가 앞뒤로 흔들리지 않도록 발로 강하게 지면을 밀도록 한다.

① 발을 어깨너비로 벌리고 서서 한 발을 들어 올린다

② 크게 앞으로 내디디며 자세를 낮춘다

③ 반대쪽 다리를 들어 올리며 앞으로 나아간다

손을 허리에 올린다

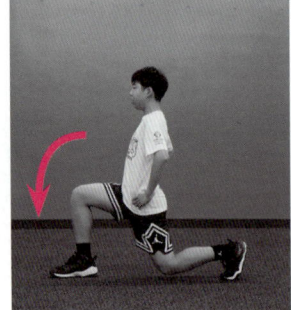

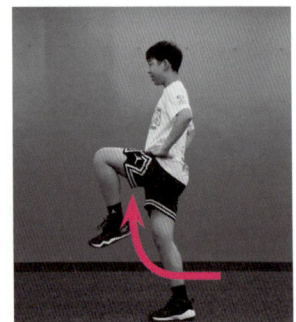

MENU 212 〔하체〕 **한 발 루마니안 데드 리프트**

레벨 상급
회수 좌우 각 8회×1~3세트

목표 지탱하는 다리의 넓적다리 안쪽 근육에 자극을 가해서 한 발로 지탱할 때의 안정성을 높인다. 머리부터 발뒤꿈치까지 최대한 일직선을 유지하면서 고관절을 깊게 굽히는 것이 중요하다. 지탱하는 다리는 무릎을 굽히며 균형을 잡는다.

① 다리를 어깨너비만큼 벌리고 선다

② 상체를 앞으로 숙이면서 반대쪽 다리를 들어 올린다. 반대쪽도 똑같이 실시한다

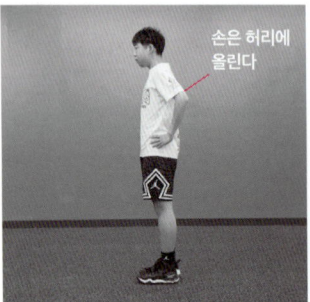
손은 허리에 올린다

곧게 편다
고관절을 깊게 굽힌다

조언 머리부터 발뒤꿈치까지 일직선을 유지한다. 막대나 빗자루를 대고 연습해도 좋다.

MENU 213 〔하체〕 에어플레인

레벨 상급
회수 좌우 각 8회×1~3세트

목표 지탱하는 다리의 넓적다리 안쪽 근육을 자극해서 한 발로 지탱할 때의 안정성을 높인다. 고관절을 회전시킴으로써 균형 감각도 키울 수 있다.

① 다리를 어깨너비로 벌리고 선 다음 상체를 숙이면서 한 발을 들어 올린다

② 허리를 돌려서 골반을 바깥쪽으로 연다. 반대쪽도 똑같이 실시한다

곧게 편다
손은 허리에 올린다

발바닥의 3곳을 의식한다

조언 동작을 취할 때 발바닥의 엄지 발볼, 새끼 발볼, 발뒤꿈치에 균일하게 체중이 실리도록 의식하자. 자세를 유지하기 힘들면 벽이나 지지대를 활용하자.

MENU 214 〔하체〕 Y 밸런스

레벨 상급
회수 3방향×좌우 각 3회×1~3세트

목표 한쪽 다리로 지탱할 때 안정성을 향상시킬 수 있다. 발바닥의 엄지 발볼, 새끼 발볼, 발뒤꿈치 3곳에 균일하게 체중을 싣는다. 무릎이 안쪽으로 들어가지 않도록 골반을 수평으로 유지하면서 가능한 깊게 앉는다.

① 한 발을 앞쪽으로 뻗으며 앉는다

② 한 발을 왼쪽 뒤로 비스듬히 뻗으며 앉는다

③ 한 발을 오른쪽 뒤로 비스듬하게 뻗으며 앉는다. 반대쪽도 똑같이 실시한다

손은 허리에 올린다
발은 띄운 상태

※①②③ 모두 앉았다가 한번에 일어선다.

MENU 215 [전신] 박스 점프온

레벨 초급
회수 5회×1~3세트

목표 점프 동작과 하체의 힘을 순간적으로 발휘하는 능력을 강화할 수 있다. 박스 점프는 착지할 때 부하가 크지 않아서 성장기 선수나 훈련 초보자도 할 수 있다.

① 발을 어깨너비로 벌리고 스쿼트 자세를 취한다

② 발의 반동을 사용해서 폭발적으로 점프한다

③ 스쿼트 자세로 착지한다

※상자에서 내려온 다음 점프하기를 반복한다.

MENU 216 [전신] 스쿼트 점프

레벨 초급
회수 5회×1~3세트

목표 점프 동작을 습득하고 하체 힘을 순간적으로 발휘하는 힘을 기른다. 착지할 때의 안정성도 향상시킬 수 있다.

① 스쿼트 자세를 취한다

② 바로 위로 점프하고 부드럽게 착지한다

손은 허리에 올린다

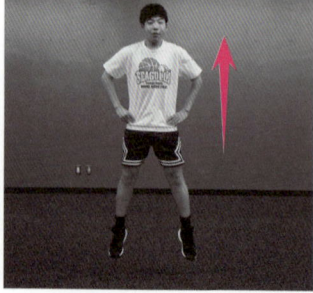

조언 스쿼트 자세에서 폭발적으로 점프하는 것이 중요하다. 착지 자세는 시작할 때와 같은 자세가 되도록 한다.

MENU 217 · 스플릿 스쿼트 점프

(전신)

레벨 초급
회수 5회×1~3세트

목표 점프 동작과 하체의 힘을 순간적으로 발휘하는 능력을 강화한다. 또한 착지할 때 안정성을 향상시킬 수 있다. 착지할 때 무릎이 안쪽으로 모이지 않도록 주의하자.

① 다리를 앞뒤로 벌리고 무릎을 굽혀 자세를 낮춘다

② 위쪽으로 점프하면서 다리를 앞뒤로 교체한다

③ 착지하면서 무릎을 굽혀 자세를 낮추고 점프를 반복한다

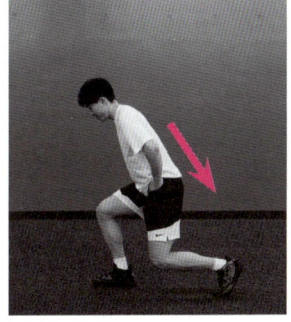
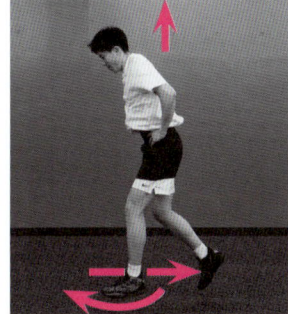
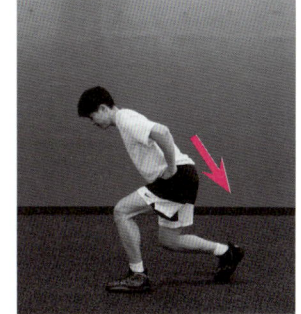

MENU 218 · 연속 허들 점프

(전신)

레벨 상급
회수 3~5회×1~3세트

목표 연속 점프 동작과 하체의 힘을 순간적으로 발휘하는 능력을 강화한다. 하체 근육(메뉴 205 스쿼트를 몸무게와 비슷한 무게(부하)로 할 수 있을 정도)이 충분히 붙은 다음 실시한다.

낮은 허들로 도움닫기를 한 다음
높은 허들을 뛰어넘는다

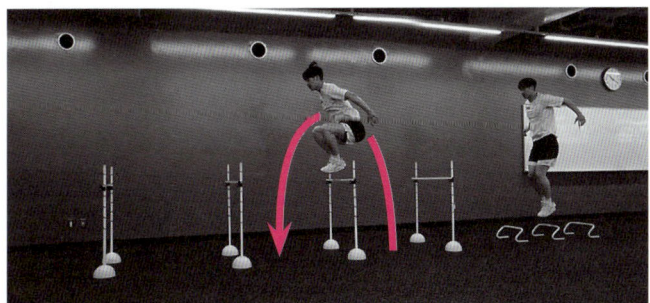

조언 허들의 높이는 30cm로 시작하고, 익숙해지면 높이를 올리거나 개수를 조금씩 늘린다.

MENU 219 〔전신〕 뎁스 점프

레벨 상급
회수 5회×1~3세트

목표 착지 시간이 짧고 부하가 큰 상황에서도 순간적으로 힘을 발휘할 수 있게 하는 훈련이다. 강도가 높으니 메뉴 205 스쿼트를 몸무게의 1.5배(부하)까지 버틸 수 있도록 하체 근력을 기른 후에 실시한다.

1) 발을 어깨너비만큼 벌리고 받침대 위에 선다

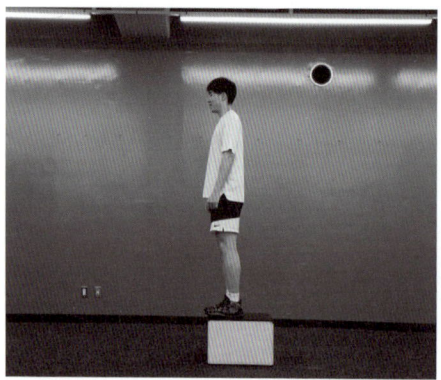

CHECK! 두 다리의 폭이 너무 좁거나 넓지 않게 어깨너비만큼 벌린다.

2) 받침대에서 뛰어내리고 착지 시간은 짧게, 착지 후 점프는 재빠르게 한다

착지하자마자 바로 뛴다

CHECK! 무릎의 쿠션을 사용해서 충격을 흡수하는 느낌으로 실시한다.

3) 팔의 반동을 사용해 폭발적으로 위로 점프한다

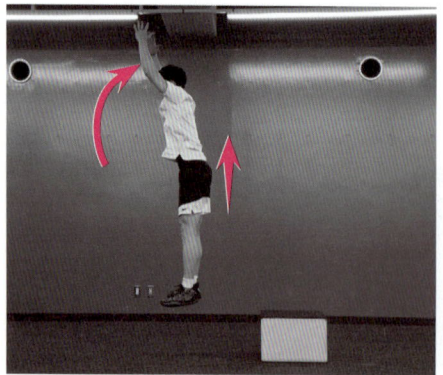

CHECK! 뛰어내리는 기세를 활용하여 바로 위로 높이 뛴다.

조언 이 메뉴는 강도가 높으니 하체 근력을 충분히 기른 다음 실시하자. 받침대 높이는 30cm부터 시작하고 점차 늘린다.

MENU 220	전신	**파워 클린**	레벨 상급
			회수 3~5회×2~4세트

목표 온몸의 순발력을 높이는 운동이다. 중학생 같은 초급자는 바벨바만 가지고 실시한다. 올바른 폼을 익히는 것이 최우선 과제이고 나중에 본격적으로 훈련하도록 한다.

**바닥을 강하게 밀면서
바벨을 어깨까지 단숨에 들어 올린다**

MENU 221	전신	**스내치**	레벨 상급
			회수 3~5회×2~4세트

목표 온몸의 순발력을 높이는 운동이다. 초보자는 바벨바만 가지고 실시한다. 정확한 폼을 익히는 것이 우선이고 나중에 본격적으로 훈련하도록 한다.

**바닥을 강하게 밀치면서
바벨을 머리 위로 단숨에 들어 올린다**

저자 리쿠카와 아키라

1962년 일본 니가타현 출생. 고등학생 때 농구를 시작해서 일본체육대학 재학 중에는 2학년 때부터 주전 선수로 활약했다. 졸업 후에 일본강관(NKK)에 입사해서 일본 리그 우승(2번)과 MVP를 거머쥐는 등 화려한 실적을 남겼다. 11년이 넘는 긴 기간 동안 일본 국가 대표로 활동했으며 2년 동안 주장을 맡았다. 1999년 은퇴한 후 2000년 10월 미국의 캘리포니아 주립대학의 로스앤젤레스 캠퍼스(CSULA)로 지도자가 되기 위해 유학을 떠나서 데이브 야나이 감독에게 코칭 교육을 받은 후 2001년 4월 도카이대학 체육학부 교수로 취임한다. 이후 도카이대학 남자 농구부 감독으로 취임해서 2005년, 2006년에 전국 일본 대학 농구 선수권대회(이후 인터 칼리지) 2연패 달성을 비롯해 총 12번 인터 칼리지 결승전에 진출하며 우승을 7번 했다. 또한 2009년 세르비아의 베오그라드 유니버시아드 대회, 2011년 중국 선전 유니버시아드 대회, 2017년 타이완 타이베이 유니버시아드 대회 남자팀 대표 감독을 역임했다. 저서로 《실력이 쑥쑥! 농구 연습 메뉴》, 《눈 깜짝할 새 달성! 농구 기초부터 마스터》 등이 있다.

원고 협력 고야마 다케시, 아오키 미호
편집 협력 우부카타 히로미, 와타나베 유스케 (뷰 기획)

도서의 모델 선수들

코치와 선수가 함께 활용하는
농구 연습메뉴 200

1판 1쇄 | 2025년 7월 31일
지 은 이 | 리쿠카와 아키라
옮 긴 이 | 남가영
발 행 인 | 김영우
발 행 처 | 삼호북스
등   록 | 2023년 2월 2일 제2023-000022호
주   소 | 서울특별시 서초구 강남대로 545-21 거림빌딩 4층
전자우편 | samhobooks@naver.com
전   화 | (02)544-9456
팩   스 | (02)512-3593

ISBN 979-11-993587-0-6 (13690)

Copyright 2025 by SAMHO BOOKS PUBLISHING CO.

출판사의 허락 없이 무단 복제와 무단 전재를 금합니다.
잘못된 책은 구입처에서 교환해 드립니다.